小学系统合作式心理咨询案例

主编 ◎ 吴伟红

海峡出版发行集团 | 福建教育出版社

图书在版编目（CIP）数据

小学系统合作式心理咨询案例/吴伟红主编． —福州：福建教育出版社，2023.5
ISBN 978-7-5334-9648-7

Ⅰ．①小… Ⅱ．①吴… Ⅲ．①小学生－心理咨询－案例 Ⅳ．①G444

中国国家版本馆 CIP 数据核字（2023）第 056311 号

小学系统合作式心理咨询案例
主编　吴伟红

出版发行	福建教育出版社
	（福州市梦山路 27 号　邮编：350025　网址：www.fep.com.cn）
	编辑部电话：0591-83726908
	发行部电话：0591-83721876　87115073　010-62024258）
出 版 人	江金辉
印　　刷	福建东南彩色印刷有限公司
	（福州市金山工业区　邮编：350002）
开　　本	710 毫米×1000 毫米　1/16
印　　张	12
字　　数	165 千字
插　　页	1
版　　次	2023 年 5 月第 1 版　2023 年 5 月第 1 次印刷
书　　号	ISBN 978-7-5334-9648-7
定　　价	30.00 元

如发现本书印装质量问题，请向本社出版科（电话：0591-83726019）调换。

序一

吴伟红老师带来她们团队的一本小书,邀请我写一个推荐小序。细细读来,我觉得这是对小学生心理辅导模式非常有益的探索,欣然接受了邀请。

有一点需要澄清一下,教育部《中小学心理辅导室建设指南》(教基一厅函〔2015〕36号)指出:"心理辅导室是心理健康教育教师开展个别辅导和团体辅导,帮助学生疏导与解决学习、生活、自我意识、情绪调适、人际交往和升学就业中出现的心理行为问题,排解心理困扰和防范心理障碍的专门场所,是学校开展心理健康教育工作的重要阵地。"在学校心理辅导室对有心理行为问题的学生提供个别辅导与团体辅导,就是学校心理咨询,与学校心理辅导(school counseling)的含义是一致的。具体说是指在良好的心理辅导关系基础上,经过专业训练的学校心理辅导教师运用学校心理辅导的理论和技术,帮助有心理困扰的学生,消除或缓解其心理困扰,促进其心理健康与自我发展。相对于校外专业心理咨询与心理治疗机构的服务,学校心理辅导侧重中小学生一般的发展性辅导,具有一定的心理健康教育功能。但是,不能将班主任对学生提供的包括个别化的心理教育,叫做学校心理辅导。

生态系统和多元文化视角下的分析和实践,是当代心理辅导发展的趋势之一。一个基本的假定是,需要接受辅导的来访者,其困扰或问题的产生和恢复,均与其在生态系统的核心关系及得到的了解、支持、鼓励和陪伴有关。我们需要结合我国家庭和学校文化特点,从小学生所处的生态系统去看待他们的心理辅导工作。

中小学生是未成年人，他们在自己生态系统中的地位以及自己的发展水平，都不可能像成人那样，他们更加受制于其所处的生态系统，特别是其中的重要他人，包括家长、班主任、任课教师等，在与他们的相处和关系中，学生居弱势、处在受支配地位，很难做到像成人那样独立自主地相处、做出选择。

从生态系统的视角出发，我提出并阐述了以合作模式开展学生心理辅导工作，以贴合中小学生发展的实际需要，提升辅导效果[①]。合作模式是指，在小学生心理辅导中，辅导人员在和儿童建立关系、协助儿童面对他们的困扰的同时，与班主任、任课教师，以及父母或家长等儿童所处生态中的重要他人一道工作，相互尊重与合作，建立对儿童有助益的社会支持系统，协同解决学生遇到的困扰，协助他们在学校生活中有效地应对和成长。合作模式的一个重要特点是，辅导过程中资源性与受辅学生所处的长久性、持续性生态系统协同工作，并促进辅导结束后能继续对学生起到支持、陪伴作用。

采用合作模式的学校心理辅导中，与受辅学生的家长、班主任和任课教师，有时还包括学校相关的行政人员建立关系，在对受辅学生充分理解和接纳的基础上，对他们的问题有合适的评估，在有效帮助受辅学生的策略和方法上达成共识，至关重要。这其中，心理辅导教师是一个关键，需要在符合专业设置与伦理的背景下，和有关人员一道合作。

吴伟红老师的工作团队在学校心理辅导实践中探索了被称作"学校系统合作"的工作模式，这本小书中介绍的案例就是这一探索的经验结晶。在对具有不同问题、从小学二年级到六年级的八个学生的辅导中，都采用了个别辅导和系统会谈相结合的方式进行。其中系统会谈包括和学生家长的谈话、和班主任与任课教师的谈话以及和有关学校行政领导的谈话，还包括和多位

---

① 陶勒恒，郑洪利. 小学生心理辅导（第二版）. 北京：高等教育出版社，2018：12—15.

相关人员在一起的集体会谈。可以看出，这些系统谈话使有关人员成为受辅学生走出心理困境的资源而不是阻碍，起到非常有益的作用。

难能可贵的是，吴伟红老师的团队并不限于经验的简单积累，而是有着自己的理论思考和总结，如提出系统会谈要注重平等性、开放性、动态化和灵活性等，从而在一定程度上提升了这本案例集的价值。

总的说来，吴伟红老师团队的探索和经验，是合作模式学校心理辅导的一个较为典型的样式，值得学校心理辅导教师们参考与借鉴。

是为序。

陶勑恒

2022.10.20

[陶勑恒，江苏省南京晓庄学院心理健康研究院心理学教授，南京市中小学心理援助中心（"陶老师工作站"）创始人，中国心理学会临床与咨询心理学专业机构与专业人员注册系统注册督导师]

序二

系统合作取向的学校心理咨询

在我作为督导师的工作当中，有不少受督导对象是来自学校（尤其是小学和初中阶段）的心理咨询师。他们的学习意愿很强烈，领悟力也很高，但是提交上来接受督导的案例从专业性角度来说差异是比较大的。我发现有几个比较常见的问题，比如，有些老师的案例工作明显存在不符合专业设置规范的问题，说明未接受过心理咨询师专业系统训练；有些老师不是基于对来访学生的个案来采用合适的干预方法，而是一律采用自己擅长的某种理论或技术；有些老师已经具备一定的专业工作能力，但是受到工作环境中多种现实因素的制约，心理咨询过程面临多重干扰……

学校心理咨询师所面临的困境与挑战具有鲜明的中国特色，这也从另一个侧面映射出我国基础教育阶段应试教育与素质教育的理念冲突。相较于高校、医院、社会咨询机构中的心理咨询从业者，中小学校心理教师的角色定位常常模糊不清且处于次要地位。心理健康教育和心理咨询工作平时多半是"隐形"的，让位于各种学科教育活动，但是一旦某个学生出现严重心理问题甚至心理危机，心理咨询师又会成为焦点人物，被寄予众望。这种专业角色定位的矛盾性，造成学校心理教师一方面感到工作不受重视，另一方面又感到压力巨大。

心理咨询是一种专业性很强的工作，从业者需要经过系统而长期的专业学习和临床训练才能不断提升工作胜任力。然而，一方面，学校心理咨询师的成长之路需要克服许多挑战，不断学习和运用专业技能，但在中小学，心理咨询工作的时间和次数都无法充分保证。另一方面，学生的心理问题与其周围环境关系密切，单独针对学生的工作方法往往难以取得明显效果。

从2022年春开始，我为苏州市吴伟红心理教育名师工作室的成员们提供定期团体督导，他们都是来自中小学的专兼职心理教师。在团体督导过程中，老师们共同分享和讨论自己在个案工作中遇到的困惑和挑战，扩展与案例相关的学科知识，学习专业的工作思路，明确自己的角色定位，并从多个角度思考和探索学校心理健康工作的有效途径。本书就是他们学校心理健康工作研究成果的一部分。通过几年的探索，吴伟红工作室团队逐渐建立起一种系统合作取向的学校心理咨询工作模式，并积累了宝贵经验。

什么是系统？什么是系统式心理咨询？"任意一组成分，通过多种关系相互联系在一起，并通过边界与外部环境区分开来，就被称为系统。所有有意识地运用了系统观点的工作形式，都可以被称为系统式的工作。只要这些系统式的工作是为了帮助个人或多人，为他们认定的问题找到解决办法，就被称之为系统咨询。"（摘自《系统治疗与咨询教科书》）系统治疗从系统式家庭治疗发展而来，其工作范围不再局限于家庭，而是拓展到了个别心理治疗、团体治疗及其他社会系统的咨询，是国际公认的心理治疗四大主要流派之一。因此，在学校心理咨询实践中运用系统式咨询的理论和方法，并不是一个新鲜事物，但是在中国的校园里开展系统咨询实践，可以算得上是一种新的尝试，因为除了家庭治疗范畴，很多心理咨询师并不熟悉系统式咨询工作方法。在此，我总结出系统合作取向的学校心理咨询工作的几个要点。

第一，要坚持心理咨询师的角色，坚持心理咨询的目标与方法。系统合作，需要心理咨询师与不同的对象进行沟通与合作，但是要注意，咨询师依然只做咨询师角色该做的工作，比如评估、谈话、处理情绪和行为等，不能跨越边界去做系统中其他角色的工作，包括辅导作业、管教纪律等属于教师角色的工作。心理咨询依然要坚持促进个人心理健康发展的目标，而不能模糊为提高成绩、改掉坏毛病等教育管理目标。

第二，系统合作，系统在哪里？围绕着学生的所有相关人员都有可能组成一个系统，包括学生的家庭系统、直接接触该学生的教师系统、学生所处的班级同学系统、同伴关系等。特别值得重视的是，不直接接触的某些社会资源也是可以合作的系统，比如医生、社会公益心理援助机构等。当学校咨询师认为学生应该接受医学治疗而家长存在抵触心理时，可以建议他们去看医生，通过医生的评估和教育来转变家长对待药物治疗的态度。当学校咨询师遇到持续处于危机风险中的个案时，可以提供危机干预热线信息，这样当学生或家长遇到突发情况而又无法联系学校咨询师时，可以求助于社会心理援助资源。咨询师需要观察和评估哪个系统与学生的咨询目标关系较为紧密，确定工作方向，有时只需要一个系统进行工作，必要时则可能会同时与多个系统进行合作。

第三，系统合作的方法与形式。系统合作可以采取灵活多样的方式方法，包括单独联系、系统会谈、借助通讯工具交流等，只要能达到信息沟通、取得共识、配合对学生有效干预的功能，各种形式都是可以采用的。无论采用哪种方法，成功干预的关键是要建立系统内的合作联盟关系。咨询师作为系统的观察者与推动者，一定要注意与系统中的每个成员都保持合作，而不是只跟某个成员形成同盟，这样系统中的成员才能认识到自己对于个案的工作目标负有什么样的责任、应该如何做，大家都动起来、贡献自己的力量，而不是表面上的系统合作，实际上只有咨询师一个人在干活。

我将本书推荐给所有在中小学从事心理健康工作的专兼职教师，期待着有更多心理咨询师去尝试和推广这一方法，让整个社会都更加重视儿童的心理健康！

刘稚颖

2022 年 8 月

（刘稚颖，中国心理学会注册督导师，苏州大学大学生心理健康教育研究中心专职心理咨询师）

目 录

前言 ··· 1

案例一
"西天取经"记——情绪易激惹男生咨询个案 ······················ 15

案例二
"小火山"平息记——由依恋问题引发情绪失控咨询个案 ········ 41

案例三
想做作业却动不了笔——学业困扰男生咨询个案 ··················· 60

案例四
星星终会闪光——自闭症谱系儿童干预个案 ·························· 78

案例五
走出小黑屋——有躯体症状的拒学女生咨询个案 ··················· 95

案例六
打造属于自己的心灵花园——捣蛋女孩咨询个案 ··················· 117

案例七
卸下保护色——撒谎女生咨询个案 ······································ 137

案例八
听，抑郁在说话——抑郁女生咨询个案 ································ 157

参考文献 ··· 176
后记 寻找学校个案咨询的疗效因子 ································· 178

前　言

一、学校个别心理咨询的背景

1. 学校心理咨询的概念

心理咨询，《辞海》中有如下定义："接受专业训练的咨询者，运用心理学的理论与技术，通过语言和非语言的交流给来访者以帮助、启发，从而改变不良认识、情感和态度，促进人格的发展和社会适应能力的改善的活动。"

学校心理咨询，就是受过专门训练的心理教师和心理咨询师给常态学生及有轻度心理困扰的学生提供心理服务，帮助他们解决学习、生活、情绪、人际、择业诸方面的问题，助其成长。

学校心理咨询与学校心理辅导有交叉。从功能上看，前者注重发展、预防与矫正，后者注重发展、预防与教育；从带领者来看，前者是受过专业训练的心理教师、心理咨询师，后者是受过基本训练的班主任、心理教师。

2. 学生心理困扰不断增加

中国儿童中心和社会科学文献出版社联合发布的《儿童蓝皮书：中国儿童发展报告（2021）》指出：由于生活节奏的加快和社会竞争的日趋激烈而引起的家庭结构和功能的改变（如父母离异、高龄二胎问题、农村留守儿童增多）以及社会环境的改变（如随着社交媒体的兴起，网络成瘾、网络欺凌等问题）都影响着青少年的心理健康。父母不恰当的教育方式、繁重的学业负担、升学的竞争压力及校园欺凌、复杂多变的网络环境给青少年带来了不同程度的紧张、刺激和心理压力。在这种情况下，非自杀性自伤、自杀行为在青少年中屡见不鲜，青少年的心理健康也因此面临越来越多的挑战。2018年《中国青年发展报告》显示，中国17岁以下儿童青少年中，有约3000万人受到各种情绪和行为问题的困扰。在对中国15个城市73992名6—16岁的儿童青少年所做的调查表明，儿童情绪和行为问题发生率为17.6%，其中12—16岁青少年情绪和行为问题检出率高达19.0%。儿童青少年心理健康问题的发生还处于逐渐上升的态势。

3. 学校心理咨询的相关文件

国家教育部：教基一〔2012〕15号文件《中小学心理健康教育指导纲要》（2012年修订版）提出："建立心理辅导室。心理辅导室是心理健康教育教师开展个别辅导和团体辅导，指导帮助学生解决在学习、生活和成长中出现的问题，排解心理困扰的专门场所，是学校开展心理健康教育的重要阵地。在心理辅导过程中，教师要树立危机干预意识，对个别有严重心理疾病的学生，能够及时识别并转介到相关心理诊治部门。"该文件没有提出"心理咨询"，但明确了在心理辅导室，心理健康教育教师需要为学生排解心理困扰。

国家教育部：教基一厅函〔2015〕36号文件《教育部办公厅关于印发〈中小学心理辅导室建设指南〉的通知》明确了学校心理辅导室的功能定位，提出了个别心理辅导的具体要求："对有心理困扰或心理问题的学生进行有效的个别辅导，提供有针对性的心理支持；或根据情况及时将其转介到相关专业心理咨询机构或心理诊治部门，并做好协同合作、回归保健和后续心理支持工作。"

江苏省苏州市教育局：苏教〔2017〕1号文件《关于全面加强学生心理健康教育的若干意见》提出"每学年学校心理辅导室要协助班主任完成新生谈话和定期家访工作，筛查个案进行辅导，做好重点个案辅导记录"。明确了心理辅导室需筛查个案，做好重点个案辅导记录。

江苏省教育厅：苏教基〔2021〕3号文件《江苏省教育厅关于加强新时代中小学心理健康教育的意见》有了具体规定。在第二项任务"建构完善学校心理辅导服务体系"中明确"各中小学要健全心理辅导值班、预约、面谈、转介、追踪和反馈等制度，利用电话、网络等媒介，满足学生咨询与求助需求"。在第三项任务"健全完善心理危机预防干预机制"中明确"各地各学校要针对有心理问题倾向的学生，按照'一人一案'原则，为其提供个性化的心理疏导和咨询、稳定的危机评估与干预，定期由班主任或任课老师与这些学生及其监护人谈心谈话，由心理老师定期分析评估心理诊疗的措施及成效，为这些学生建立并形成个别化的心理发展与诊疗档案"。在第四项任务"配齐配好专兼职教师队伍"中明确"到 2025 年，各地要为所有城区中小学校和乡镇中心学校配齐专职心理健康教育的教师，专职心理健康教育教师每周除担任一定心理健康教育课程（包括自我认识与生涯规划教育、活动课程）外，还须从事 6 小时以上的个别咨询或团体心理辅导"和"各地各校每年要对中小学心理健康教育的教师开展不低于 80 学时的专业培训和临床心理咨询体验"。

4. 学校个别咨询的范围

上海市心理名师工作室主持人吴增强按照学校心理健康三级预防方案，提出个别咨询服务范围的三个层次："第一，帮助每个学生解决成长中的困惑；第二，对高危学生进行重点预防性辅导，高危学生包括学习有困难的、人际关系紧张的、性格有缺陷的、行为有问题的、家庭环境不利的、面临突发危机事件的等；第三，对少数有心理障碍的学生的转介和后续辅导，值得注意的是对于具有心理障碍症状的学生要予以转介，由精神卫生医疗机构来处理，但是转出去的学生病情稳定后回到学校，心理老师还要进行辅导跟进工作。"

中国人民大学俞国良教授接受《中小学心理健康教育》杂志何妍主编采访时提到："学校从心理健康教育走向心理健康服务，是学校心理健康教育发展的必然趋势。""学校心理辅导与咨询工作在学校心理健康服务体系中承担着重要的角色和任务，是实现服务体系总体目标的重要途径。"随着学校专职心理教师队伍的壮大和学生个性化需求的突显，心理咨询将成为学校心理健康服务的重要任务。

二、学校个别心理咨询的现状及原因分析

笔者是本地区最早的小学心理教师，成为专职心理教师16年，获得国家二级心理咨询师资格已18年，是学校心理健康教育发展的见证人，通过对本地区专兼职心理教师的了解，对学校个别心理咨询的现状做了调研。

（一）学校个别心理咨询现状

心理教师反馈缺乏专业胜任力，学校心理咨询总体成效不理想，主要体现在三个方面。

1. 咨询案例数量不足

笔者所在地区中小学都有心理咨询室，学校按照上级要求，每天固定时间开放，一般选择午休时间，但主动前来咨询的学生很少。这段时间是主科老师辅导作业的时机，有的学生因为要完成学科老师的任务不能来，有的学生担心被同学嘲笑心理有问题而不好意思来，有的学生认为咨询不能帮助自己解决根本问题而不愿来。

2. 咨询流程缺少规范

学校教师对学生的咨询不规范，大多数是类似"知心姐姐"类的谈心工作，或者是针对学生在学业、人际关系上的指导建议，缺少深入个案咨询的机会，很少有规范的个案咨询报告。近四年，笔者作为《江苏教育》"案例评析"栏目主持人，主动向资深心理教师约稿，但收到的稿件数量不多，质量不高。

3. 咨询效果不够理想

心理教师咨询的主体对象是学生，大多数学生是由家长或班主任推荐的被动来访者，小部分学生的心理困扰比较严重，甚至已去就医，精神科医生

诊断为抑郁症、强迫症、焦虑症、多动症等。有的心理教师凭着热情孤军作战，但由于学生是被动来访，求助意愿不强，其问题往往又有家源性或师源性，只对学生个别咨询，效果不尽如人意。对比较棘手的个案，有的心理教师自信心不足，觉得缺乏胜任力，急于转介或让家长寻找校外咨询帮助。

（二）学校个别心理咨询现状的原因分析

1. 主管部门对个案咨询重视不够

《中小学心理健康教育指导纲要》（2012年修订）实施十年，心理健康教育受到大多数学校重视，但工作重心是开展心理健康教育活动及开设心理辅导课程，个别咨询工作还是放在边缘位置，具体体现在以下方面。

（1）岗位职责不明

目前，很多中小学还没有专职心理教师，兼职心理教师人数也不多。而学校心理健康教育是个系统工程，专兼职心理教师不仅要承担学校心理健康教育的规划和管理工作，如制定学校的心理健康教育计划，开展面向全体学生的发展性心理辅导课程，创编校园心理剧，开设心理社团，组织心理健康教育宣传周，为老师和家长提供心理顾问服务等具体工作，也需要应对各级各类的材料检查。专兼职心理教师没有精力深入做个案咨询。

（2）专业培训不力

大多数上岗心理教师是半路转行，通过心理教师资格培训而上岗，但资格培训的内容针对个案咨询很少。笔者参加国家二级心理咨询师培训，对个案咨询的培训时间也只有十来天。一些心理系毕业的本硕生，对于个案咨询方面的理论比较熟悉，而实操练习却不够。每年教育部门对心理教师的继续教育培训，没有或很少安排关于心理咨询的实操内容。

（3）咨询督导不足

心理咨询是一项科学性、专业性很强的工作，上级部门没有建立对学校心理咨询的培训和督导制度，心理老师遇到咨询困难找不到帮助，就有挫败感和耗竭感。除部分地区心理老师利用节假日参加心理咨询公益服务而获得免费的咨询督导外，一般情况下，都需要心理老师自费参加督导，费用高昂。当咨询困难得不到有效帮助，当努力付出得不到重视，心理老师就会遭遇职业瓶颈，产生倦怠感。

2. 针对个案的专业合作不够

（1）个案问题复杂

学生出现心理困扰或障碍有多种因素，除了个体自身因素，还受其所处的生态系统影响，如学生的家庭功能、父母的管教风格、老师的教学处置、师生关系等。吴增强认为"学生心理问题是高度异质性和个别化的"，由于生活节奏的加快和社会竞争的日趋激烈而引起的家庭环境以及社会环境的改变，父母不恰当的教育方式、繁重的学业负担、升学的竞争压力及校园欺凌、复杂多变的网络环境都给青少年带来了不同程度的紧张、刺激和心理压力。

（2）咨询目标差异

针对心理困扰的来访学生，学生、家长、任课老师的咨询目标经常会不一致。例如，面对一名作业拖拉、上课捣乱的学生，家长更关注他的学习问题，任课老师更关注他的品行问题，此学生更关注自己的自尊心。当他前来咨询时，心理教师遵循来访者中心原则，给予充分的情感支持。可他回到家里，面对欠佳的学业表现，爸妈对他还是粗暴对待；回到班级，面对对他而言达不到的守纪标准，老师的批评、同学的嘲笑，他的自尊心再次受到打击，行为模式又会回到原来状态。

（3）层级负责散力

根据学校心理健康的三级防护机制，心理问题任课教师解决不了后向班主任反映，班主任解决不了向德育处转介，德育行政让心理教师跟进。学校心理教师了解后觉得学生的心理问题比较严重，向校外咨询机构转介。这样的合作体系其实是层级性的各自为政，而不是扁平化的系统合力。

3. 学校心理咨询存在咨询设置困扰

学校心理教师参加的个案心理咨询培训，都是按照国家二级心理咨询师的标准设置，有行业公认的心理咨询伦理和咨询原则。针对成人心理咨询的规范给学校心理咨询带来困扰。

(1) 咨询师多重身份的困难

首先，从心理咨询规范来说，学校心理教师给学生做咨询时应尽量避免出现多重身份，但学校很多专职心理教师却兼有德育行政、学科教师等身份。其次，心理教师要跟来访学生的家庭及任课老师等系统合作，又增加了一个会谈主持人或者发起人的身份。作为心理老师身份进行介入性辅导，要让学生在心理咨询室获得共情性理解，但作为学科老师或是行政人员，承担着尽快帮助他解决实际困难的责任，而不是只会解释问题，要让学校同事和家长看到学生出现明显改变。

(2) 遵守伦理保密的困难

按照伦理要求，来访者是自愿前来，心理咨询师要对专业工作的信息进行保密，但来访学生大多是学校老师或家长推荐而来，学科老师和家长也想了解咨询情况。而且，来访学生的心理问题涉及到重要监护人和学校教师。心理教师要与他们进行合作，如严格按照咨询设置，只对来访者负责，不透露任何信息，合作就无法进行；如果透露信息，就违反了保密协议，让来访学生对心理咨询教师失去信任，影响咨询。

(3) 遵循价值中立的困难

心理咨询遵循来访者中心、价值中立原则，而中小学生处于人格发展时期，学校教育需要对学生进行正确价值观的引领。对于学生的心理咨询，还需要进行系统合作，家长和老师都有自己的价值取向，心理教师若绝对做到价值中立，可能达不成合作，不一定有助于来访学生。

(4) 遵循咨询助人自助的困难

心理咨询目的是帮助来访者自助。很多时候，来访学生所呈现的症状，恰恰是对抗家庭环境、学校环境而形成的保护色或应激行为，需要系统成员一起改变。而且，小学生来访的自我意识才刚刚发展，自我理解和领悟能力还不够，心理教师给小学生的一些心理教育，还需要家长和任课老师的助力。

三、系统合作式——学校心理咨询的突围

面对目前学校心理咨询的困境，笔者带领工作室资深心理教师，尝试"系统合作式学校个案咨询"行动研究，聘请中国心理学会注册系统督导师进行过程评估督导，取得较好的效果。

（一）系统合作式心理咨询的借鉴方法

1. 集体会谈

笔者是学校心理教师，同时是学校德育行政人员，多次运用了集体会谈法。针对班主任推荐来的"问题学生"，由德育人员身份出面邀请来访学生的任课老师、家长、同学及学生本人进行一次谈话，从各自角度交流看到的来访学生的优点及问题。通过交流，各方对来访学生有了多角度的认识，消除了偏见，达成新的共识，助力学生。会谈后，大多数来访学生行为发生明显改变。此方法操作便捷，效果明显，但有两个弊端：其一，依靠权威人物进行会谈，合作有被动性；其二，本着解决问题的思路，谈话更多聚焦学生的行为表征，忽视学生内在需求，短期效果明显，时间一长，很容易回到原来状态。

2. 家庭治疗

家庭治疗理论认为家庭是一个系统，每个家庭成员既相对独立又与他人相互关联，彼此间形成反馈式的循环关系。治疗师不是把焦点放在个人的问题心理上，而是关注并试图介入、改变看得见、摸得着的整个家庭的互动模式，通过一系列特殊的提问技术和留家庭作业等方式，使家庭内部的互动模式发生改变，达到治疗目的。但系统式家庭治疗是为整个家庭系统工作的，持续时间长，学校心理教师的服务对象是学生，家长个人成长议题及家庭矛盾调和不是学校服务的内容。

3. 系统合作

家庭治疗师赵文滔教授提出了"系统合作"的咨询理念和技术。他认为："系统合作不仅是系统思维的角度，更是实际进行的合作行动。是指串联案主相关的人员与机构，协商出共识目标，透过分工与合作协力达成辅导、咨商、治疗、处过任务。""系统合作的成员会彼此交换、及时更新各自收集到的讯息，并随之不断重新协商、调整目标，以达成服务案主的任务。"但这种咨询技术是建立在台湾中小学有一个比较成熟的心理咨询系统上，系统成员除了家长和导师（班主任）外，还有学校辅导老师、入校心理师、学校社工、社区机构社工、医院精神科医师、法院观护人等成员。心理咨询师与不同理论训练背景、不同立场、不同理念的其他专业人员进行讨论，达成共识，协调出各自的分工范畴，并定期互相核对，适时调整，这是专业团队之间的系统合作。而我们大多数地区没有校外专业人员定期服务支持学校。

（二）关于系统合作式心理咨询的核心概念

学校心理教师作为系统合作的推动者或组织者，与来访学生的成长系统中的重要他人进行沟通，形成一个系统合作团队，推动学校行政人员或班主任参与校内教师与家长进行协调，心理教师同时对来访学生进行深入的个别咨询，从而发展出系统会谈与个别咨询相互穿插、相辅相成的学校咨询模式。

1. 关于系统会谈

系统会谈主要是心理教师与来访学生的家长、老师、同学等重要他人以及来访学生本人进行合作性对话，通过积极沟通，进行信息交换，表达各自的想法，从而让系统中的人员形成同盟军，更全面了解来访学生，理解来访学生行为背后的想法和感受，探索可能的原因，寻找解决的方案。系统会谈具有以下四个特点：

（1）平等性。系统会谈参与者都是合作者，没有主次高低之分，没有权威立场，都是对来访者会产生影响而不能取代的重要他人。本着尊重、真诚的态度合作，会谈目的是彼此倾听、相互了解、相互理解、相互启发，找出新的想法或做法来帮助来访学生突破困境。

（2）开放性。开放式对话不要求达成一致意见，得出一个明确的结论或合理解释。参加会谈的人员可以平等沟通，充分表达自己的想法和感受，耐心倾听他人来自不同角度的想法和感受，从而获得更多关于来访学生的信息，促进相互了解，增进相互理解。

（3）动态化。系统会谈不是一次性的，是动态历程，对于来访学生的工作目标需要多次交流后才能逐步形成共识。系统会谈的焦点不在于各司其职，而在于合作的协调历程，帮助心理教师去探索自己的"知"与"不知"，并检视自己看待所谓"问题"及咨询关系的框架，调整咨询方案。

（4）灵活性。系统会谈的成员不是固定的，根据来访学生当下的情况选择适合的会谈人员，可以与其家庭系统中的某个或几个重要成员会谈，也可以与其学校系统中某个或几个重要成员会谈，还可以与家校两个系统中的重要成员会谈。会谈人数不在于多少，参与人多不一定合力更强。每次会谈成员可以灵活调整，不一定都是固定成员。

2. 关于个别咨询

（1）咨询阶段。来访学生的问题及症状往往是他们无意识中的防御表现，跟成长历程中的某些情结相关，需要做深入的个别咨询。学校个案咨询的时长虽然不是固定的，心理教师作为心理咨询师身份遵守咨询伦理，按照心理咨询的基本流程，在心理咨询室对来访学生进行心理咨询。心理教师可借鉴希尔教授在《助人技术：探索、领悟、行动三阶段模式（第3版）》中提出的三阶段模式，帮助来访学生走出心灵困境。

探索阶段。探索阶段的目标是心理教师与来访学生建立信任关系，告知咨询设置，采用倾听、提问、共情等咨询技术帮助来访学生从混乱的思绪和情感中找出线索。心理教师尽可能全面准确地理解来访学生的问题，设定咨询目标，确定咨询方案。

领悟阶段。这个阶段的目标是促进来访学生对自己问题的觉察和领悟，产生新的认知和情感体验,并开始朝向改变的行动。心理教师根据来访学生的认知能力,采用匹配的咨询技术。针对认知能力比较强的高年级学生,可以采用认知行为疗法、焦点解决疗法、叙事疗法等。针对认知能力比较弱的低年级学生,可以采用沙盘、绘画、游戏等表达性艺术疗法。也可以整合不同的心理咨询技术,如认知行为疗法与表达性艺术疗法结合。

行动阶段。心理教师帮助来访学生确定改变的行动目标,选择学习策略,进行行动尝试,推动来访学生进行有效行动。如采用认知行为疗法的心理教师,会给来访学生布置任务清单,对任务完成情况进行反馈、评估,并作相应调整,帮助来访学生形成新的适应性行为。

(2)理论依据。学校心理教师由于专业受训经历不同,有自己熟悉且擅长的咨询方法和技术,但考虑到小学生的认知发展和语言表达能力还处在发展过程中,要选择适合的、匹配来访学生的咨询技术。一般来说,以下几种理论和技术适合对小学生的咨询。

弗洛伊德人格发展理论:弗洛伊德将人类个体的性发展分为五个阶段,分别为:口欲期,0—1.5岁;肛欲期,1.5—3岁;性蕾期(俄狄浦斯期),3—6岁;潜伏期,7岁到青春期前;生殖期,青春期后。在每一个阶段,孩子都有性发展的任务。

埃里克森人格发展理论:埃里克森将正常人的一生,从婴儿期到成人晚期,分为八个发展阶段。婴儿期(0—1.5岁):基本信任和不信任的心理冲突;儿童期(1.5—3岁):自主与害羞(或怀疑)的冲突;学龄初期(3—6岁):主动对内疚的冲突;学龄期(6—12岁):勤奋对自卑的冲突;青春期(12—18岁):自我同一性和角色混乱的冲突;成年早期(18—40岁):亲密对孤独的冲突;成年期(40—65岁):生育对自我专注的冲突;成熟期(65岁以上):自我调整与绝望期的冲突。每个阶段,个人都面临并克服新的挑战,每个阶段都建立在成功完成较早的阶段任务的基础之上。如果未能成功完成该阶段的挑战,则会在将来造成问题。

人本主义疗法：心理咨询中，促进来访者改变的核心条件只有三个，真诚一致、无条件的积极关注、共感性理解。

认知行为疗法：核心理论假设就是人们内心核心信念系统影响或决定了外在行为和态度，因此，它的主要着眼点放在适应不良的认知问题上，通过改变来访者对己、对人或对事的看法与态度来改变心理问题。

沙盘游戏疗法：是一种非言语的、无意识层面的交流，求助者使用沙具在沙箱中按照自己的想法制作一个场景，将自己潜意识中的心理冲突展现出来。求助者制作沙盘的过程本身也是一种心理治疗过程，求助者在这个过程中不仅能够了解自己的内心，化解自己的困惑，也能激发自己内心的疗愈力量，解决自身的心理问题。

焦点解决疗法：强调如何解决问题，而非发现问题原因；以正向的、朝向未来的、朝向目标的积极态度促使改变的发生。

（三）学校系统合作式心理咨询的策略

1. 身份角色定位的策略

（1）灵活切换多种角色。心理教师在校内有多个角色，可以在不同情境中发挥不同角色的功能，可以通过工作时间和地点进行身份切换和定位。例如，与来访学生约定时间在心理咨询室进行个别咨询，心理教师就是心理咨询师；当心理教师在课堂给学生上心理辅导课或其他课程，就是学科老师；如果在行政办公室处理矛盾纠纷，心理教师此时的角色就是行政领导；在系统会谈中，心理教师邀请家长或任课老师一起会谈，此时的角色就是主持人或牵头人。心理教师身份在建立角色边界与系统合作分工中得以平衡。

（2）灵活遵循价值中立。心理咨询以来访者为中心，遵循价值中立原则。小学生处于人格发展时期，作为学校心理教师，应遵循心理健康教育的目标，促进小学生身心全面和谐发展。心理教师接纳学生的情绪，但不一定接纳表达情绪的方式；心理教师理解学生出现的问题行为，但不一定接纳他的问题行为；心理教师帮助来访学生看到行为问题或情绪问题来自认知观念偏差，引导他主动调整适应不良信念，改变适应不良行为，注重引导学生心理、人格积极健康发展。

2. 心理咨询设置的策略

（1）灵活遵守保密原则。一方面，心理教师对来访学生做个别咨询，和学生签订知情同意书，让学生知晓会谈过程会遵守保密原则，也会有保密例外原则，这是咨询的起点。另一方面，心理教师想让来访学生的家长和老师了解孩子的内心需求，满足孩子的自尊心，推动他们做出行为改变。进行系统会谈前，可以与孩子进行商量，让他决定哪些信息可以告知家长或老师，这些信息是他自己说还是心理教师替他说等。当一些信息不是很明确时，可以让学生参与会谈，让家长和老师听听孩子的想法，这样心理教师既遵守保密原则，又能回应系统的需要。

（2）灵活安排咨询时间。学校学生个别咨询时间可以固定在午间，每次40—50分钟。系统会谈时间可放在放学后或上学前一小时。个别咨询与系统会谈的次数不固定，可以在个别咨询前先进行一次系统会谈，全方面了解来访学生的问题及其他信息，再全面评估，接着进行深入的个别咨询；也可以对学生个别咨询数次后进行一次系统会谈，让系统成员达成一些共识，形成助力。

3. 系统会谈实施的策略

（1）灵活确定会谈主持。心理教师对系统资源有全局性了解，可以灵活选择会谈对象和会谈主持人。如果某些来访学生的家长不配合，对学校老师存在误解，可以邀请学校行政领导作为会谈主持，心理教师在过程中进行观察。如果有的班主任比较热情，能力强，家长对班主任比较信任，可以邀请班主任作为会谈主持，在发挥咨询优势与协调资源介入中寻找平衡。

（2）发挥优势整合资源。系统合作并不是要让大家放弃原本在做的工作，而是要加上系统合作，让来访者的改变会更快、更明显。而且经过协调分工，每位助人者的工作目标会更聚焦，不会彼此重叠或拉扯，以提升每位助人者的工作效能。心理教师发挥自己的优势，在心理咨询室运用共情等咨询技术对来访学生进行个别咨询，班主任在班级系统中给予来访学生学习、自我认识、情绪管理、人际交往等方面的锻炼及指导，家长在家庭生活中让孩子感受到家庭的温暖和支持。

学校系统合作式心理咨询融合了多种咨询理念和技术，注重实操。由于学校心理教师擅长的咨询技术不同，以及每个来访学生的资源背景不同，没有固定的咨询流程，需要心理教师聚焦个案，深入行动研究，大胆创新，不断丰富实践经验，提升专业胜任力，增强学校心理健康教育服务的效能，走出学校心理咨询的特色之路。

案例一

"西天取经"记
——情绪易激惹男生咨询个案

一、来访者基本信息

1. 个人基本信息

小涛,男,12岁,六年级学生,智力正常,高大健壮。他活泼好动,上课时常开小差,喜欢插话,作业拖拉、钻空子不交,语文、数学、英语成绩在低中年级时良好,进入六年级在及格线上下,与班上男生经常发生矛盾冲突,情绪激动时会动手打人。

2. 主要家庭成员及关系

小涛父母在他出生后不久就开始争吵,在他上幼儿园小班时离婚。父母离异后,小涛跟着父亲生活,父亲没有稳定工作,三个月后说没钱养活儿子,让他跟着母亲生活。母亲离婚后忙于个体经营,请了一个阿婆保姆在生活上照管他。小学一年级,小涛在民办学校住宿,逢双周周末,回母亲家一次,时常因母亲忙而住在母亲朋友家。四年级转来公办学校。

3. 个人成长过程中的重要事件

小涛幼儿园小班时,父母因剧烈争吵而报警,警察把父母带去派出所,小涛跟着阿婆保姆目睹全过程,心里很害怕。

父母离异后,最初,小涛由父亲抚养,父亲常和朋友吃喝玩乐,因无人看管孩子,会经常带上小涛。三个月后,父亲表示没钱养孩子,让其母亲抚养。

小涛上幼儿园时调皮多动,老师向母亲告状,母亲又气又急,采用打骂方式教育，小涛曾经有过被母亲罚跪一天的经历。

一年级开始，小涛上民办学校，住校，两周回一次家，母亲忙于生计，无暇照看小涛，常让他住在自己朋友家。

五年级时，小涛去父亲家，父亲给他买吃的，让他随意玩游戏。

六年级上学期，小涛母亲交了一个男朋友，有结婚打算；小涛父亲也有了女朋友。当母亲对小涛学习成绩或行为表现失望时，会对小涛说不要他了，让他去跟父亲生活。曾在某个晚上，因小涛不认真学习把他赶出家门，由姑姑接至家中过夜。

六年级上学期，校外跆拳道老师推荐小涛小学毕业后，去一所体育专科学校。母亲不同意，担心他年龄小，是非观念不清，在外学习期间会结交不良同学，小涛本人犹豫不决。

4. 来访原因

进入六年级，小涛的学习状态越来越差，语文、数学、英语三科成绩直线下降，从原来的良好降至在及格线上下，课堂上插嘴讲话频率增加，经常不做作业或拖拉。他与班内几个成绩欠佳的男生矛盾冲突日益增多，甚至多次发生肢体冲突。正、副班主任多次找他谈话教育，他会很快承认错误，答应改正，但通常有口无心，说到做不到。任课老师与他母亲联系多次，母亲对其进行批评教育，他也是虚心接受，坚决不改，母亲失望之余，表示无力管教。班主任推荐小涛做心理咨询。

5. 咨询信息

起止日期：一月至六月，为期半年。

个别咨询：每周1次个别咨询，每次40—50分钟，共10次，含8次沙盘游戏疗法咨询，2次认知疗法咨询。

系统会谈：与小涛妈妈会谈2次，与小涛的正、副班主任及语、数、英主科老师会谈3次。

二、个案概念化

1. 主要问题表现

小涛不能专注于学习,作业拖拉或不做,逃避学习困难,学习成绩不断下降。他常使用插话抢嘴方式试图获得老师的关注,使用不假思索就答应老师和母亲的建议要求的方式逃避惩罚。与同伴交往中,常为一点小事情绪爆发,有攻击行为。小涛的问题主要是青春期自我同一性延缓阶段的易激惹。

2. 问题形成与发展原因

其一,与父母早期养育中缺乏安全稳定的客体有关。小涛目睹父母经常争吵并最终离婚的过程,母亲忙于生计,采用责骂体罚的教养方式,对小涛很少陪伴与监督,使得小涛发展出不安全型依附关系,不会以恰当的方式与他人建立关系,不会用适应性的方式建立和维护自尊。小涛适应不良的回避模式和攻击行为,不仅加剧了其学业上的落差与压力,也加大了其自尊维护、人际适应、自我认同的困难。

其二,与小涛父母即将再婚的当下境遇有关。小涛母亲将再婚,小涛嘴上接受母亲再婚,可内心失落。小涛知道母亲辛苦赚钱给他提供优质的学习环境,但母亲对他很少陪伴,对他常有严厉的打骂和威胁,他对母亲既爱又恨。他原先看不起好玩懒散的父亲,但现在父亲不干涉他玩游戏,给他自由时间和空间,缓和的父子关系让他对父亲又恨又怜悯。

其三,与青春期自我同一性发展有关。小涛进入青春期,随着自我意识的觉醒,他开始尝试为自己做选择。小涛在跆拳道训练和比赛中获得充分肯定,满足了自尊需求。教练推荐他上外省民办体育专科学校,但妈妈认为这条路有风险,认为这条路是最后退路,更希望小涛努力学习,提升成绩,就读九年义务教育公办初中校。学校老师希望他首先适应当下学习环境,克服学习困难,提升学习成绩。小涛对小学毕业后的选择处于矛盾纠结之中,对未来发展呈模糊混乱状态。

3. 个体及系统干预策略

心理教师给小涛做个别咨询，通过提供安全、自由的咨询环境，建立温暖、信任的咨询关系，让他内心稳定，促进自我表现和自我疗愈。同时，与小涛的母亲、任课老师建立系统合作关系，通过改善亲子关系、师生关系、同伴关系，帮助小涛改变不合理的自我认知，学习合理表达负面情绪，调整不良的行为，突破成长困扰，探索自我力量，获得自我整合。

三、咨询方案

1. 理论依据

（1）沙盘游戏疗法：沙盘所表现的系列沙盘意象，营造出沙盘游戏者心灵深处意识和无意识之间的持续性对话，以及由此而激发的治愈过程和人格（及心灵与自性的）发展。本案例中，咨询师通过沙盘为来访者设置"自由与保护"的空间，构建其内在世界。将其成长经历、未完成的人生事件、自我的心理冲突或矛盾、对未来的展望等，通过沙盘制作达到自我表现和自我疗愈的目的。

（2）人本主义疗法：以人为中心，为来访者创造无条件支持与鼓励的氛围，相信来访者自身力量。本案例中，咨询师通过真诚和接纳的态度，使来访者能够深化自我认识、发现自我潜能并且回归自我。

（3）认知行为疗法：认为人的情绪来自人所遭遇的事情的信念、评价、解释或哲学观点，而非来自事情本身。本案例中，咨询师帮助来访者重新构建认知结构，改变不合理认知，从而调整情绪表达方法，塑造良好的行为习惯。

2. 咨询目标

近期目标：帮助来访者在安全而自由的空间，觉察自己的情绪，表达自己的情绪，获得内心稳定的体验。

中期目标：帮助来访者释放童年的创伤，找到自我价值感，挖掘出自己的学习能力，明晰自己学习的目标。

远期目标：让来访者发展出良好的自我体验、清晰的自我，能够朝向明确的目标，知行合一地行动，并能体验到成功快乐的感觉。

四、咨询过程

（一）咨询过程及主要技术

针对小涛的咨询过程及技术

1. 第1—2次咨询：初始会谈，开始建立与小涛良好的咨询关系；引导小涛了解并进入沙游的咨询框架；收集重要信息并作出初步诊断；识别重要的问题并设定总体目标。

2. 第3—4次咨询：通过制作沙盘作品，让小涛在安全的环境中，更容易敞开心扉，呈现出丰富的矛盾冲突。

3. 第5次咨询：采用认知行为疗法，通过空椅子技术，促进小涛回顾童年父母吵架分离带来的创伤，整合对父亲的愤怒情绪。

4. 第6—7次咨询：通过制作沙盘作品，小涛更加开放，呈现出更深层的矛盾冲突，也启动了自身的疗愈力。

5. 第8次咨询：采用认知行为疗法，通过意象对话技术，促进小涛面对当下母亲准备再婚及对母子择校意见不一致的现实困难，实现其在认知、情感、行为层面的领悟。

6. 第9—10次咨询：通过沙盘作品，探索自我力量，进行自我整合。

针对系统的会谈过程及技术

与小涛家庭系统的核心人物母亲进行会谈，让母亲看到小涛的内心需求，理解儿子，推动母亲改变一些不恰当的行为，从而让小涛满足需求后自动改变不良行为。

对小涛所在的学校系统中的正、副班主任进行沟通合作，让他们理解小涛，在学业和人际交往方面给予小涛切实的指导帮助，让处于青春期的小涛获得自我同一性良性发展。

（二）与小涛的个别咨询

第一次

制作沙盘作品：

咨询师引领小涛来到沙箱前面，对他说："我这里有一个沙箱，里面盛着细沙。沙箱周围的沙架上有各种玩具，你可以在里边尽情摆放，想怎么摆就怎么摆，这里是受保护的、安全的空间，你所表达的一切都会保密。"

沙盘对于小涛来说是完全陌生的，他用充满好奇的目光在沙架上巡视。

咨询师让他先抚沙，他就马上用手在沙箱里用力地翻揉沙子，一会儿就说好了。问他感觉，他说蛮好的，挺舒服的。话说完，站起来，到沙架上去拿玩具。20分钟后，完成沙盘作品。

作品内容和主题：

咨询师让小涛介绍一下作品内容，他说："这是几个区域，有佛教，有基督教，还有埃及土著人。"

咨询师："这个作品中，如果用一样物品代表你，会是什么？"小涛指着那尊如来佛，又指了指孙悟空。

咨询师："请你给这个作品起个名字。"

小涛："神秘世界。"

初始沙盘的意义：

第一次沙盘辅导对于来访者和咨询师都很重要，来访者"携带"了大量的来自心灵深处的困扰，当这些深层的问题呈现在沙箱中时，不仅来访者自身得到了疗愈，也给咨询师诊断、评估、辅导提供了第一手资料。

初始沙盘作品呈现的问题：

小涛的作品分成七个部分：五组宗教神话人物，一组弥勒佛和孙悟空，一组两武士奋力搏杀周围的群蛇。

五组宗教、神话中的人物，可能代表着小涛内心的某些幻想，幻想得到强大超能量的加持，使自己变得很厉害，同时，也可能蕴含着一种表达，即小涛并不知道如何获得从现实自我走向理想自我的方法。这五组摆放得相对封闭，自成一个小世界，可能对应着小涛封闭、孤独、不安全的体验。

弥勒佛和孙悟空可能代表着小涛的自我像，在小涛的描述中，他们是非常厉害的，有着神奇的超强力量，或许代表着小涛潜在的自我认同——一个超级厉害并且有神奇超能力的人。

左上方的群蛇围困两个武士，两个武士奋力搏杀，展现了强烈搏击、对抗的主题。小涛奋力搏杀群蛇的"战斗"状态，呈现出了其困难的部分，也展现了其力量的部分。另外，沙盘中出现新郎新娘走向婚礼的画面，或许是他内心期望有个幸福的家庭，或许是家庭隐藏动力的无意识表达，值得继续留意。

图 1　初始沙盘作品（来访者角度）

咨询师的感受：

小涛与咨询师建立起了充分信任的咨访关系，小涛非常投入，沙盘作品呈现了小涛真实的内心世界，让咨询师看到其内心的冲突、抗争等。咨询师给小涛创设了一个安全而自在的物理空间和心理空间，有助于小涛敞开心扉进行自我探索。沙盘作品分享过程中，小涛跟咨询师介绍了这个神秘世界，咨询师以真诚、接纳、共情、无条件积极关注的态度，持续性地倾听，让小涛感到放松自在。

第二次

沙盘作品主题：保护动物

沙盘作品故事：

一群野生动物在大草原上自由生活，形成食物链。有一大堆盗贼残杀野生动物，一个老农民报警通知警察，警察派来直升机把盗贼抓走了。

图 2 最后呈现作品（来访者角度）

咨询师的感受：

感觉这个画面的左上角和右上角区域相对平和，是一个动物世界。右下角，盗贼与警察对峙，双方有了冲突，有了死伤，感觉小涛内心有很强的冲突。左下角区域，老农民一方面想保护动物而勇敢报警，一方面害怕而朝向角落。整个作品，四只保护老农民的狗和一头牛是朝向未来的，其他动物都是朝向过去，抱着孩子的妻子在角落，却朝向未来。家小而封闭，没有安全感。

整个作品，可以感觉到来访者内心的紧张、恐惧和矛盾纠结，激烈冲突后需要宣泄，有破坏力。

第三次

沙盘作品主题：灾难过后

沙盘作品故事及感受：

原来有座岛，上面有动物和村民。灾难降临后，只剩下一个空空的岛，其他都死了。

看到最后作品，小涛内心有可怜、无聊、寂静、不平静、恐怖、不安心等情绪。

图3　最后呈现作品（来访者角度）

咨询师感受：

小涛内心有强烈的冲突，内在压抑的紧张、愤怒、恐惧不断累积，他试图消除，可平和的解决方式不能消除内在的这股负面能量，能量不断积累，最后得到彻底爆发。负面能量带着强大的破坏性，把所有的人及物全部毁坏，他的压力得到了最大的释放，内心因为破坏而内疚。

第四次

沙盘作品主题：地震过后的真情

沙盘作品制作过程：

一辆挖泥机在挖泥（完成挖泥的动作），有一个学生在倒下的学校下面，旁边有几个救援人员，一辆救护车。小涛在右下方挖深（嘴里说是难民区），他用挖泥车把右下方的房子抬起来，用救护员把埋在下面的人背出来，右下方的基本救护好了，再把右上方的蛇挖出来，又把蛇埋在沙里。他用救援人员把一些人挖起来，用车辆运送物资（完成车辆开动的动作）。接着他把左下

图4 最后呈现作品（来访者角度）

方的武器拿出来，插在救护人员的身上，说可以用这些武器去救人，后来把市政府推倒，再把压在下面的人救出来，最后把一些刀、矛等插在沙上面。

咨询师的感受：

感受小涛内心的动荡，内心的纠结，内在有两股力量，他不断地调换物品，不断改变主意。矛和蛇再次出现，是这个青春期孩子性意识的觉醒，他内心有压抑性能量的冲突。他内心被压抑的力量释放出来，摧毁了所有事物，但看到被破坏的场景，心里会难受和痛苦。他亲手一步步拯救、修复被毁灭的事物，是他内心希望用自己的力量去平衡。这是青春期孩子矛盾的内心世界。

第五次

咨询师征求他本人意见后采用谈话咨询。

咨询师告诉他最近两次沙盘作品的感受：你先创建了一个沙盘作品，然后推翻，感觉你内心有股想发泄的怒气，是吗？

（小涛点头。）

咨询师：你想对谁发泄？

小涛：小A（本班同学，成绩较差），他每次用手指骚扰我，我就警告他，他不听，我就打他。

咨询师：还有谁？

小涛：没有了。

咨询师：今天，我感觉你压抑了很多愤怒、委屈，也压抑了很长时间，你自己可能一下子不能觉察到，可以讲出来一点。

小涛：没有。

（咨询师感觉小涛不是故意遮掩，而是他没有意识到。）

咨询师：我们今天就聊聊你的家庭，我知道你是跟着妈妈的单亲孩子，你妈妈和爸爸是什么时候分开的？

小涛：三岁多一点。

咨询师：你知道爸爸妈妈是为什么分开的吗？

小涛：我爸爸外面有小三，我妈妈就跟他离婚了。我一开始是跟着爸爸的，他带我到外面去玩，他只顾跟他的朋友玩，不管我。三个月后，他说没有钱养活我，后来我就跟着妈妈了。

咨询师：你父母分开已经很长时间了，平时跟爸爸有联系吗？

小涛：跟爸爸有联系。要买什么东西，妈妈不答应，就找爸爸。

咨询师：爸爸妈妈有没有再想组成家庭？

小涛：妈妈有了一个男朋友，今年要结婚。爸爸也有一个女朋友，他年纪大了，不知道是否结婚。爸妈相差十几岁，妈妈在二十岁时就生了我。

咨询师：你对父母再婚持怎样的态度？

小涛：他们对我蛮好的，我也支持他们再婚。那个叔叔对我挺好，也接受我。爸爸现在对我也蛮好的。

咨询师：目前，爸爸妈妈好像对你都不错。在你成长路上，遇到过不少委屈吧，你愿意说说吗？

小涛：上四年级，辅导老师对我有偏见，同学们都在吵，她只批评我。上幼儿园时，有次跟同学吵架，老师告诉了妈妈，妈妈就打我，还罚我跪了一天……但等妈妈出去了，我就自己起来，看了会儿电视……爸爸和妈妈闹离婚时，我跟着领我的阿婆（保姆），看到他们打架。后来，来了110警车……后来，爸爸妈妈去法院，我和阿婆在法院门口等……

咨询师：爸爸妈妈闹离婚那段时间，你过得很不容易，你现在对爸爸会感到愤怒吗？

小涛：没有。爸爸没有付抚养费，他只顾自己，现在，奶奶也不理睬他了……不过，有两次我打过他，他以为我跟他闹着玩的。（说到这里，他笑了）

咨询师：你愿意尝试着做个练习，跟爸爸说说你心里从没有说过的话吗？

小涛：好的。

（咨询师搬来一张凳子放在小涛前面，用"空椅子"技术。）

咨询师：你现在看着这个凳子，上面坐着谁？

小涛：爸爸。

咨询师：你看到爸爸的穿着了吗？他什么表情？

小涛：穿着灰色的衣服，脸上笑嘻嘻的。

咨询师：他看到你，说什么话了吗？

小涛：嬉皮笑脸的，好像没什么话。

咨询师：你对他什么感觉？

小涛：我有点恨他！

咨询师：你可以把自己对他的恨表达出来。

小涛：你不管我，没有给我抚养费……现在还是游手好闲……你不负责任……

咨询师：现在感觉怎样？

小涛：没什么感觉了，现在他也蛮可怜的，他的女朋友长得很难看，也没有钱。我妈比她长得好看，现在也有钱……

（小涛说到这里，眼睛里是疑惑和茫然。慢慢地，他眼睛里的愤怒出来了，但不是很强烈。）

咨询师：你对爸爸有恨也有爱，现在觉得他可怜，恨不起来。允许自己情绪出来，也允许自己的情绪再保留一下。现在快到上课时间了，你准备怎样？

小涛：我去上课，下次再来。

咨询师的感受：

这次面询，咨询师感觉到小涛逐渐打开了自己，他内心有深层的不安全感，随着年龄增长，伤口看似抚平，给人乐观积极的印象，但潜意识里积压的对父亲的愤怒一直没有机会发泄。小时候是自己没有力量，而现在，父亲对他的态度好转了，满足他的一些物质需求，他就觉得父亲可怜，不忍心对父亲发泄。他希望父母生活幸福，把对他们的愤怒压抑在心里。

第六次

沙盘作品主题：保卫神鸟

沙盘作品故事：

魔王使劲踩天使，天使这方的人全倒下……魔王后面有一个拿刀的人跳跃着冲向天使……恐龙侵占了植物，蛇上了树……两只鸟被关在笼子里。（他的嘴巴里说做好了，可手一直在动）

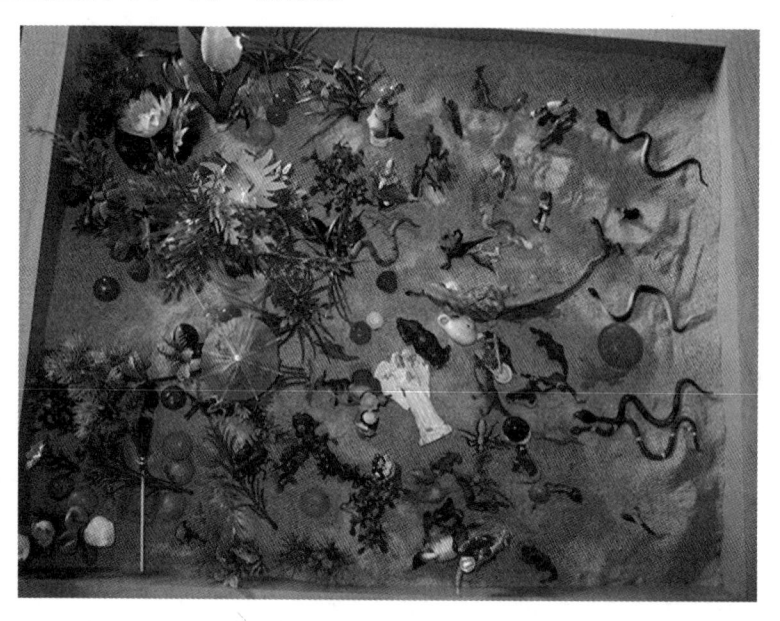

图5　最后呈现作品（来访者角度）

咨询师的感受：

小涛的意识和潜意识一直在打架，意识层面上，他想让天使和魔王两方和平共处，可潜意识里却看到魔王打败了天使，对天使进行摧残。他开始是站在天使那边，后来站在魔王那边。感觉这是他父母双方的较量，他内心对母亲也有很多愤怒，通过魔王对天使的发泄，满足了他的发泄需求。

第七次

沙盘作品主题：盗墓大战

沙盘作品故事：

埃及宝藏埋在沙里，由一些当地人守卫。一个盗墓集团开了飞机、吉普车，拿了先进武器来盗墓，他们来到金字塔区域，收买了军队，把当地人全部杀掉，扔进蛇窝。盗墓人拿到了一大堆珍贵的文物，赚钱发财了，可以想做什么就做什么。

图 6　最后呈现作品（来访者角度）

咨询师的感受：

这个作品跟以前的作品有些相似，但这幅作品更直接，偷盗的人拥有强大的武器，面对的是只有刀的本地人，力量悬殊。盗墓人发不义之财，没有恻隐之心，有的只是掠夺的快意。从作品看出他内心反抗和发泄的力量出来了，而被掠夺的是埋在地下的文物，也许是自己从童年时期开始压抑的对父母的愤怒。

第八次

咨询师：你这两周以来有什么变化？

小涛：现在上课安静点了，除了小超（化名），不打骂其他同学了。

咨询师：很高兴你的进步。我感觉到你前面几次作品有个共同的地方：你开始都创作一个很美好的作品，但后来忍不住想破坏，感觉你内心有压抑的愤怒等东西想宣泄出来，是吗？

（小涛点点头。）

咨询师：我猜你对父母有爱有恨，是吗？

（小涛抬眼点头。）

咨询师：你对妈妈的话很在意，很想在她面前表现好一些，做个好儿子，但内心积压了很多对妈妈的愤怒和埋怨，你也不知道怎样表达，所以你内心很矛盾，是吗？

（小涛点头，手不停地用一块草坪把沙盘中的沙子抹平。）

咨询师：你是否担心妈妈不要你？

小涛：是的，我表现不好，我妈就说不要我。有一天晚上，妈妈很生气地把我带到家外面，说不要我了，让我去跟爸爸。她给我姑妈打了电话，姑妈出来把我接回去。

咨询师：你现在有跟爸爸见面吗？

小涛：经常见的，去爸爸那里拿点钱买东西吃，有时去玩电脑，他也随便我怎么玩。

咨询师：听起来，你妈妈对你学习上有要求，让你有压力，而爸爸反而不管你，你去他那里感到自由和放松，是吗？

小涛：是的。

咨询师：那你希望跟爸爸生活吗？

小涛：不想，跟妈妈。

咨询师：你上次说妈妈有个交往的叔叔，想结婚，你接受吗？

小涛：我接受，我妈说"不接受我的男人她不要的"，这个叔叔也接受我，对我挺好的。

咨询师：你是为了妈妈好才接受这个叔叔吗？

小涛：是的。

咨询师：妈妈给了你很多爱，但也曾给了你很多伤害，你有很多的话不敢跟她讲，是吧？（小涛点头）

咨询师：在这里是安全的，你可以把自己想说的话跟妈妈说出来，愿意吗？（小涛点头）

咨询师：你想象妈妈就站在前面，能看到吗？（小涛点头）你就把话对妈妈说出来。

小涛：我不知道说什么，反正她不理解我，说什么也没用。（眼里有点怒火）

咨询师：你内心是否想说"我爱你又恨你……你不理解我的心情"？

小涛：是的。（停顿了一下）

小涛：我担心你不要我……老师批评我，回到家，你也骂我、打我，让我更加担心恐惧……你不了解我的心情，还说我表现不好就不要我，我真的担心你不要我……（说到这里，小涛表情很难受，没有说话）

咨询师：你妈妈听到你说这些话，表情会怎样？会跟你说什么？

小涛：她也很难过，她会跟我说不会真的不要我的。

咨询师：你可以继续跟妈妈说。

小涛：我不知道说什么。

（咨询师让他继续堆沙，可以在心里默默说自己想说的话。三分钟后，小涛停下来，说现在心情好多了。）

咨询师：小涛，我想知道你的人生目标是什么，能否告诉我？

小涛：做个跆拳道教练。

咨询师：跆拳道教练是业余爱好还是职业？

小涛：是职业。我在校外一个体育馆练习了四年半，跆拳道老师推荐我去考体育学校，可妈妈不同意，让我上完初中再说，如果那时还有兴趣，就报考体育学校，而小学毕业去，以后选择的路就窄了。

咨询师：这是一次重大选择，是坚持自己的想法还是听从妈妈的建议，需要你好好思考。你可以与跆拳道老师和妈妈一起好好沟通，清楚自己是否适合往这方面发展，下次咨询，我们可以一起探讨。

咨询师感受：

今天的面询，让小涛面对内心深处的担心和愤怒，宣泄对妈妈的愤怒，修复童年创伤。同时，看到了小涛当下内心的纠结，他自己想小学毕业后上体育学校，而妈妈让他先上初中，两人的意见不一致，该如何选择？

第九次

这次，小涛迟到了10分钟，说在班级里做作业忘了时间。

沙盘作品主题：贩卖文物

沙盘作品故事：

一帮人在沙漠里吃饭，有两个人在贩卖国家文物，他们怕被别人看见，在一个偏僻的地方交易。警察很凶，杀了居民、游客，抓走了贩卖文物的人。文物和钱最有意义，有钱可以买文物。警察因为不知道谁是贩卖文物的，就把当地人和游客都杀了。

咨询师感受：

这个作品，左边是休闲的画面，代表他内心向往安定，心较平静。右边骑马的人和拿刀的人想掠夺文物，可能代表他父母之间为争夺他产生的矛盾。他觉得有钱可以买文物，现实生活中，妈妈挣的钱比爸爸多，妈妈拥有了抚养权，但妈妈现在想结婚，而爸爸现在对他很宽松，他喜欢去爸爸那里，内在还是有冲突。骑马的男人是他自己的力量上来了。

图 7　最后呈现的作品（来访者角度）

第十次

小涛准时来咨询室，但说作业没有完成，碍于我们约定而来。咨询师肯定他对作业负责的态度，征求他的意见，把这次作为最后一次咨询，咨询方式由他定。他选择做沙盘，十分钟就完成了作品。

沙盘作品主题：西天取经

沙盘作品故事：

唐僧师徒五人（包括白龙马）从大唐出发，去西天取经，一路上遇到蛇精、蜥蜴精、奥特曼、埃及恶灵，最后到达西天如来佛祖那里。

咨询师：我好奇的是奥特曼是股什么力量？

小涛：奥特曼本身是好的，他们不知道唐僧师徒五人要干什么，就不想让他们经过。

咨询师：唐僧师徒去西天取到经最重要的是靠什么？

小涛：孙悟空的计谋和法术，师徒五人的团结。

咨询师：小涛，你希望将来成为怎样的一个人？

小涛：一个优秀的跆拳道教练。

咨询师：为了这个目标，你已经具备怎样的条件？

小涛：跆拳道老师推荐我下学期去一所体育学校学习，我妈妈已经同意。五年学习后，一年实习，将来成为一名跆拳道老师。（说到这里，脸上是开心的笑容）

咨询师：我看到你的表情很开心。你妈妈改变了原来想让你初中毕业再去体育学校的想法，是因为什么？

小涛：我妈妈说我的学习成绩不好，到了中学也不会提升很快，不如现在去体育学校，我答应妈妈要认真学习（指文化学科）。

（咨询师明白这个阶段他的学习动力不足，作业拖拉，成绩下降，是内心在做选择。）

咨询师：好啊，祝贺你做了一次重要决定，得到妈妈的支持。在小学毕业之前，你想做什么？

图8　最后呈现作品（来访者角度）

小涛：我现在尽量完成老师的作业，争取考试及格，顺利毕业。

这次结束后，小涛第一次没有自己拆除作品，而是让咨询师帮他拆除。

咨询师感受：

小涛的作品中出现的一些物品与第一次有很多相同之处，不同的是，这次的作品他能看到方向，比如代表修成正果的西天佛祖，佛祖旁的一龙一虎显示这个目标的强大。虽然一路上有很多困难，但他自身的力量出来了，有信心达到这个目标。

（三）与小涛的系统工作

家庭系统合作

第一次做小涛妈妈工作（个体咨询前）

小涛母亲经班主任介绍，自愿参加心理教师组织的亲子沟通工作坊。一开始，小涛母亲的表情和举止有点怯弱，担心自己只有小学文化听不懂。心理教师在课程中给予她鼓励，让她为自己靠勤劳发展事业、独力抚养儿子而自豪。在互动练习中，小涛母亲意识到儿子顽皮好动、学习不专注是因为他内心希望得到更多关注，小涛不敢跟她顶嘴，口头答应没有行动，其实是小涛内心有压力和抗拒的表现，她开始反思对小涛的教育过于严格，且简单粗暴。工作坊的最后一天，主题是亲子沟通，母子俩在活动中增进了相互了解和情感沟通，小涛母亲承诺会多给儿子独立自主的机会。小涛母子与心理教师之间建立了信任关系，小涛接受后续的个别咨询。

第二次与小涛母亲会谈（与小涛第 9 次个别咨询后）

心理教师征得小涛同意，约其母亲一起进行会谈。

心理教师让母亲看小涛的沙盘作品，母亲从中感受到儿子内心的矛盾冲突。说自己也很矛盾，因为小涛的语数英成绩不好，在校外找了老师补课，可成绩进步不大。小涛从小跟着一个培训机构老师学习跆拳道，这个老师很喜欢小涛，觉得小涛在跆拳道方面有天赋，推荐他去考一所外省五年制民办大专体育学校，毕业后至少可以开个跆拳道培训机构，赚钱不会少，是一条出路。而母亲认为他小学毕业就去，文化程度不高，至少应该完成九年制义务教育。再者，担心小涛思想单纯，在外面学习结交不良同学。三年初中毕业后，思想成熟点，文化水平高点，再去也不迟。

　　心理老师理解母亲的担心和顾虑，引导她从适合小涛发展的角度考虑。母亲意识到儿子目前学习成绩差，进入初中成绩很有可能落在后面，只能勉强毕业。而进入体育学校，也有文化课学习，小涛很有可能激发出学习热情。跆拳道老师是真关心小涛，如果小涛以后找不到工作，可以在他的机构里教学，也能养活自己。说到这里，母亲突然意识到自己也只有小学文化，但勤劳手巧，个体店干得不错，说明每个人都可以发挥自己的长处。小涛目前虽然在自己身边，但因忙于工作，经常让朋友接送他。而他爸爸常找机会拉他去自己家，让他玩电脑游戏，对他放纵，不利于他发展。最终母亲不再坚持一定要小涛上本地初中。

　　随后，心理教师与她讨论关于结交不良朋友的担心。小涛母亲意识到不管在哪个环境都有可能遇到不良同学，关键是让小涛懂得交怎样的朋友，要引导小涛学会交友。她想到可以借助其他支持力量，让跆拳道老师对小涛进行交友引导，以后上了体育学校，可让学校老师对他进行督促引导。

　　最后，小涛母亲表示会在小涛毕业前与任课老师多联系，激发小涛的学习动力。

与学校系统合作

第一次，个别咨询开始前

会谈成员：心理教师与小涛正、副班主任

　　班主任主动向心理教师寻求帮助，心理教师与正、副班主任一起会谈。两位老师对小涛很关心，正班主任是位男教师，教数学，副班主任是位女老师，教美术，都对小涛的各方面比较了解，经常给他鼓励和肯定。两位老师能看到小涛的优点，说他性格活泼，心思比较单纯，体育成绩不错，很乐意做些班级事务，同时两位老师也表达了对小涛的无奈：在语数英学习上，小涛表现懒散、作业拖拉、课堂上随意插话，成绩直线下降；与同学交往中，小涛经常引发同学矛盾，还会闹脾气打人。老师们表示已经软硬兼施，使出了十八般武艺，现在已经无能为力。心理教师肯定正、副班主任对小涛的用心付出，同时引导他们不仅要看到小涛的行为，还要去看这些行为背后的需求。小涛在学业上的负面行为是他对学业上遇到困难的回避，人际互动中的负面行为是他在维护自尊心，想得到肯定关注。两位老师点头同意，表示确实要站在他的角度考虑问题，以后尽量在全班同学面前多肯定他的优点和进步，批评教育放在私下进行。

第二次，个别咨询中期

会谈成员：心理教师与语文、数学、英语老师

这次会谈，心理教师先了解小涛近期的变化。小涛近期与同学的矛盾冲突减少了，但他的学习状态没有变化，他的语数英作业还是磨蹭拖拉。三位老师对小涛的学习态度不满，认为他说一套做一套。心理教师引导老师们分析小涛这种行为背后的原因，他答应老师是内心对老师尊重，也想有好的表现，但他的头脑和心不是一致的。再者，他的学习基础不好，目前的学习有困难。大家一起商量寻找帮助他的有效方式，最后达成一致意见：采用强化积极行为方式，对他的语数英学科，布置个性化作业，放低要求，让他必须完成基础题，挑战提升题。同时，班上找"友情帮助组"，当他遇到不懂的题目时及时请教同学。当他发火打同学的时候，让他先冷静，不用大声去喝止，让他体验与他母亲不一样的教育方式。

第三次，个别咨询结束后

会谈成员：心理教师与班主任

心理教师告诉班主任，对小涛的个别咨询已经结束，小涛想努力考好毕业考试，借着他这股热情，希望班主任在他小学毕业前，能联合其他老师帮助他在学业上争取更大进步，同时，提升他的人际交往能力。班主任反馈小涛已经把毕业后择校的事情告诉了他，班主任希望他这半个月要努力，给老

师和同学留下好的印象。他很开心地答应了班主任，不跟几个学习态度差的同学计较，管好自己最重要。班主任想在毕业典礼上让小涛展示他的兴趣特长，以此激发他学习的动力。

五、咨询效果与反思

（一）咨询效果

毕业考试前两周，咨询结束。小涛的学习状态良好，做作业定心多了，每天都能完成基本作业，毕业考试成绩达到及格线。遇到不懂的题目，主动询问老师和同学。小涛与同学的关系也有很大改善。暑假前，小涛顺利地被外省体校录取。

一年半后，小涛特意来学校告诉班主任和心理教师，他在体校学习得很开心，生活上独立自理，跟同学相处得比较愉快，有几个好哥们，经常参加跆拳道比赛，获得过一些奖项，将来准备成为跆拳道运动员，毕业后，可以去体育馆当教练。他脸上的阳光是同龄初中生中很难看到的。

（二）咨询反思

1. 对咨询目标的思考与分析

本案例中，咨询目标达成度高，有三方面原因。

其一，小涛曾和母亲参加过一期亲子沟通工作坊，对咨询师有充分的信任，小涛的咨询动机充分，领悟能力较高，咨询过程积极投入。小涛的母亲也愿意积极配合。

其二，沙盘疗法与认知行为疗法结合。咨询师的陪伴与支持，为小涛营造了一个安全、温暖、自由的包纳性空间，一定程度上满足了小涛希望被关注、被关爱、被理解、被认可的内心需求，这些矫正性的情感体验有助于小涛发展出客体恒常性和自体恒常性。咨询师肯定支持的态度，稳定清晰的设置，以及认知行为的干预，都有助于小涛发展出更好的规则意识、社会适应性和良好的自我同一性。

其三，现实中，小涛的体育特长及成功升学体校的体验，进一步巩固了其在自我同一性、人际关系、社会认同等方面获得的成长。

2. 对咨询过程及技术的思考分析

对小涛的个体咨询主要以沙盘游戏疗法为主。沙盘作品所反映的是一个人心灵的成长变化，它需要有一个循序渐进的过程。在第一、二次工作中，小涛在安全的环境里，逐渐通过沙盘呈现出其内心被阻隔、压抑、痛苦的情绪体验。咨询师耐心、真诚、接纳、开放的陪伴，创造了抱持性的空间，进一步建立良好的咨访关系。第三、四次开始，小涛在安全的环境中，更加敞开心灵，呈现出丰富的矛盾冲突，过去压抑下来的不安全感和对父母的愤怒得以宣泄，沙盘启动了小涛的自我疗愈进程。考虑到马上要毕业考试了，咨询师主动征得小涛的同意后，灵活地调整了咨询计划，在第五次、第八次加入了认知行为疗法，加速了小涛在认知、情感、行为层面的领悟与改变。在第九次咨询后，咨询师邀请小涛母子进行了家庭会谈，小涛有机会向母亲表达出了自己的真实想法——想上体校，而母亲也终于意识到，自己的严苛与体罚对儿子的成长造成了许多困扰，并表示会努力做些改变，好让儿子感受到更多的安全感，体会到被认可、被尊重的感觉。亲子关系从对立冲突转变成理解合作的关系。在最后一次咨询后，更多的整合发生了，小涛最终用自己的力量，为自己做了一次重大选择，并有信心实现理想、奔向未来。

3. 督导后的思考

经过督导师督导，本案例有两个方面需要关注及改进。

(1) 个别咨询中，关于沙盘作品的讨论与分享可以更充分。咨询时间设置是每次50分钟，且没有准备水。来访者制作沙盘使用了较多时间后，对于沙盘作品的分享时间就不够了。咨询师可以在参与制定规则和监督规则执行的过程中，进一步促进来访者规则意识与边界意识的发展，增强社会适应性。同时，关于沙盘作品的分享讨论，咨询师不仅要关注其受伤的议题，也要关注疗愈、成长、创造性等议题，可结合沙盘，适时地谈论现实中的议题，将有助于咨询过程中的聚焦与深入。

（2）系统合作中，关于系统资源最大化利用还有空间。心理教师分别与小涛的妈妈及正、副班主任等老师代表会谈，若组织家校两个系统一起会谈，将会推动人员更深入地沟通，形成更多合力。

（本案例提供者：江苏省吴江实验小学教育集团　吴伟红）

案例二

"小火山"平息记
——由依恋问题引发情绪失控咨询个案

一、来访者基本信息

1. 个人基本信息

小昊（化名），男孩，小学五年级插班生，身高只有135厘米，易怒、孤僻、学习无动力。他觉得所有人都针对他，频繁和老师、同学发生冲突。暴怒时小昊会掀翻桌椅，打同学、老师，久久无法平息情绪。二年级时经专科医院诊断为多动症，智力正常。母亲为了孩子能正常上学，从三年级起开始陪读。

2. 主要家族成员及关系

父母初高中学历，父亲在私企上班，工作比较忙；母亲在他三岁时生下妹妹，之后就全职在家带孩子。小学二年级前小昊由父母和爷爷、奶奶共同抚养。母亲带孩子比较辛苦，易怒着急。奶奶经常会拿妹妹跟小昊比较，夸奖妹妹乖巧。

3. 个人成长过程中的重要事件

（1）妹妹出生前，小昊得到妈妈较好的照顾。两岁后，妹妹出生，妈妈用更多精力照顾妹妹。小昊主要由奶奶陪伴，奶奶总是有意无意夸奖妹妹。

（2）二年级时，父亲开始关注小昊学习，要求他每天早上起床就背古诗。小昊不做作业，父亲就拿小棍打手心，默写错一个字，打一次手心。

（3）二年级下半学期，小昊经专科医院确诊为多动症。母亲不能接受这个事实，加重了负面情绪。母亲和父亲经常吵架，对小昊时常打骂。

（4）诊断为多动症后，小昊学习情况越来越差，从良好逐渐变为不及格。在学校他经常和同学、老师发生冲突。确诊后母亲辞去工作开始陪读，随后休学半年，后来转学。

4. 来访原因

小昊五年级转学，开学一周后和同学冲突比较频繁，一与同学冲突就动手打人。班主任反馈至德育处，多次教育无效，德育处让他回家反省半天。随后小昊断断续续来校读书，上课时漫不经心，不做作业，和同学时常发生冲突，影响班级正常秩序。班主任觉得无计可施，找学校领导要求进行心理咨询。

二、个案概念化

1. 主要问题表现

小昊小学二年级时被诊断为多动症，学习、人际交往、情绪调节均存在问题。五年级转学插班，开学一周后开始咨询。第一印象：小小个子看上去像三年级学生，耷拉着脑袋，交谈无回应，偶尔低着头瞟你一眼尽显不信任和轻蔑。主要问题：对周围环境不信任，人际交往差，遇到矛盾不善于沟通，情绪易激动，打架成了他解决问题和情绪宣泄的唯一途径。

2. 问题形成与发展原因

（1）与不合理的家庭教养方式有关。家庭成员作为重要的客体，没有发挥好作用。母亲很爱小昊但情绪不稳定，焦虑、压抑时会打骂小昊；奶奶经常拿他和妹妹作比较，希望能激励小昊，却造成反作用；父亲一开始是疏离，后来过于严厉，使得他长期处在警觉、害怕之中。小昊形成矛盾型依恋，渴望与他人建立情感联结，又拒人千里之外。

（2）与服药后学习成绩下降有关。二年级下学期，服药后小昊多动症状况明显抑制，但上课会犯困，注意力无法集中，对学习有较大的影响，成绩从中等滑下来,他对学习越来越不感兴趣,并有抵触情绪,三年级起阶段性休学,成绩越来越差。

(3) 与班级环境中被边缘化有关。小昊不善与人交往,家庭中习得的情绪冲动表达方式让他与同学经常发生矛盾冲突,同学害怕跟他交往,回避疏远他,他逐渐被边缘化。他用"置换"的防御机制,把内心渴望被他人接纳的痛苦化作愤怒的力量攻击别人,用来保护自己,同时与他人建立联结。

3. 个体及系统干预策略

利用系统的力量帮助他重塑安全的生态环境。通过和班主任、任课老师的合作,重构他对学校的认知,感受到接纳和善意;通过和母亲的访谈,改善母亲重要客体的功能,同时改变家庭中其他重要他人的教育方式。

通过个案咨询,让咨询师成为来访者较为理想的客体,及时给予他温暖、安全的回应,使其感受到爱与快乐,从而愿意学习、改变,遇到矛盾有能力用合理的方式解决。

三、咨询方案

1. 理论依据

系统理论:从系统治疗的理论取向看,中小学生的心理问题都是系统问题,系统问题都是关系问题。在所有客体关系中,起关键作用最为深层的关系往往是亲子关系。本案例中,把来访者看成一个复杂系统中的一员,把来访者不适应的心理与行为放到家庭关系以及更广阔的社会关系中去把握和理解。

依恋理论:母亲是幼儿的第一依恋对象,母亲与幼儿交往过程中的积极经验帮助幼儿形成对周围世界和自我的基本信任感,幼儿往往将母亲视为安全基地。压力情境下,依恋系统被激活,安全依恋的个体有一种很强的自我效能感和对事件的控制感,能够在需要的时候寻求外部帮助;不安全依恋会降低个体在遭遇压力时的心理弹性，可能是导致个体适应障碍以及较差的处理压力事件能力的内在因素。本案例中，咨询师通过对母亲的访谈，提升其客体功能；咨询师和来访者建立信任、稳定的咨访关系，成为了来访者的理想客体，重构安全、信任、自由的依恋关系。

认知行为理论：该理论认为，在认知、情绪、行为三者中，认知扮演中介与协调的作用。认知的解读直接影响着个体是否采取行动。认知的形成受到"自动化思考"机制的影响，行为发出不经大脑思考。行为的不假思索，个人错误的想法、荒诞的信念可能存在于个人意识或觉察之外。想要改变现状就必须帮助个体在理性层面改变那些不想要的行为，强调内在认知与外在环境之间的互动，认为外在环境改变与内在认知改变都会最终影响个人行为。

2. 咨询目标

近期目标：建立关系，营造安全氛围，和系统中的成员达成联盟，形成小昊的支持系统。

中期目标：通过个体咨询，释放情绪，学习一些觉察情绪、管理情绪的方法。通过系统合力，帮助小昊建立安全感，减少愤怒发作的次数。

远期目标：对自己有新的认识，有稳定的情绪管理能力，回到学校学习，与同学和谐相处。

四、咨询过程

咨询过程概括：

咨询时间：一个学期

个别咨询共有9次：5次沙盘咨询，1次游戏咨询，3次认知行为咨询。

系统会谈有4次：初期1次，中期2次，终期1次。

第一次（系统会谈第一次）

会谈人员：德育主任、班主任、任课老师代表、母亲、心理教师德育主任主持第一次会谈，表明了这次会谈是为了让大家相互沟通，形成合力，帮助小昊适应学习生活。

会谈片段：

心理教师：我想请大家选择重点的困扰以及期待做一个交流，接下来我们可以一起努力为小昊做点什么？

班主任：我现在最大的困扰就是小昊三天两头和同学发生冲突，并且每次冲突都会升级为动手打人。我目前最希望他能减少和同学的冲突，还有两年时间就毕业了。

任课老师：现在音乐课和体育课，小昊都不去专用场地上课，一个人在教室里，也不知道他在做什么，万一有安全事故发生，老师责任很大。我希望他至少要和同学一起去上课。

小昊妈妈：（沮丧、焦虑）老师，你们跟我反映的情况，我在家里真的都和他说过，骂也骂了，打也打了，就是没有效果。

心理教师：小昊妈妈，我们知道你尽力了，看着你放弃工作每天来陪读，就知道你为小昊付出很多，听说你已经陪读两年多了，可以想象这段时间里你牺牲了很多。

小昊妈妈：奶奶都说，为了这个孩子，家已经不像一个家了。（边说边流泪）

心理教师：我理解你们这些年不容易。我们今天聚在一起，家校合力，就是希望能帮助小昊，帮助你们这个家庭走出困境。

小昊妈妈：谢谢老师。（停止哭泣，用感激的眼神看着每一位老师）

接着，心理教师先介绍自己的专业背景，表示会给予家长和老师支持，用一学期的时间陪伴和帮助孩子。每周1次个别咨询，每次45分钟，4次个别咨询后一般会安排1次系统会谈。随后，一起商定第一阶段目标，帮助小昊适应新的学习环境。班主任表示会在班会、晨会上鼓励同学之间友好相处，安排沟通能力强的同学主动和他说话。心理教师建议班主任当小昊情绪爆发时，不呵斥，等他平静后再交流。小昊母亲表示在孩子发脾气时也会控制自己情绪。心理教师建议她及时肯定孩子的优点。

第二次（个案咨询第一次）

小昊被班主任、母亲带来咨询室。他个头很小，低着头，缩着肩，玩弄着双手，甚至不敢抬头看咨询师。班主任、母亲走后，他也没有抬头，一副低头认错的样子。

咨询师语气亲切地邀请小昊参观了沙盘室、游戏室、谈话室，帮助他熟悉环境。小昊在沙具柜前停住了，眼里有了点光亮，但不说话。咨询师抓住时机问他是否愿意每周来这里，可以陪他聊天、做游戏，还可以选择柜子上的任意小物件，摆进沙箱里，编故事。小昊偷偷瞟了咨询师一眼，随后嘴上说"不愿意"，但脸上却露出了调皮的笑容，约定了下周同一时间再来。

咨询师感受：

小昊不发脾气时，静默低落。无法想象弱小的身材会爆发出如此强的攻击力，很心疼他。看到他最后露出调皮的笑容，心里生出几分喜欢，也给了咨询师帮助他的信心。

第三次（个案咨询第二次）

小昊被母亲带到咨询室，他还是没有抬头看咨询师。还没有等咨询师介绍完沙盘，他就迫不及待地玩了起来。

沙盘作品制作过程：

小昊先在沙盘中间画了条线，接着拿起小兵在两边摆起来，交替进行很均衡，没有说一句话，最后在两边架起了一座桥。

沙盘作品完成后交流：

咨询师：你能给它取个名吗？

小昊：不能！

咨询师：你在哪里？

小昊：我不在！

咨询师：这看起来是场战争，你想帮哪边？

小昊：都不帮！

咨询师：这个盘需要老师拆掉，还是留着下次继续？

小昊：放着！

咨询师：今天就到这里吧。

他头也不回地走了。

图 1　第一次沙盘作品（来访者角度）

咨询师感受：

首先，整个作品第一个动作就是在沙盘中间画了界限，仿佛是对咨询师的一种警示：我们之间有清晰的界限。接着摆出了战斗的准备，这是一种试探，也是一种习惯。他有强烈的不安和焦虑，同时又充满能量。最后他在阵营上架起了一座桥，暗示想沟通的愿望。

第四次（个案咨询第三次）

沙盘作品制作过程：

小昊如约而来，一进咨询室他就直奔沙盘，这次作品主题没有变，还是两边对阵，除了桥，他又在两边架了铁轨、摆上了小火车。当发现架子上的红色邮筒时，他乐了。咨询师问他为什么这么开心，他说这是穿梭器。结束后，咨询师好奇地问他这是一个什么故事，穿梭器重要吗？他跟咨询师说现代人住的地球快要毁灭了，人们通过穿梭器（邮筒）来到古代，想要占领古代人住的地方。

咨询师感受：

面对防御心理极强的小昊，不需多说和多问。任何话题，都会提高他的戒心，成为他移情的对象。仿佛又是一个新的老师玩着花样含沙射影，所以跟随、陪伴、等待成为建立关系最安全的方式。由"穿梭器"引发了话题，说明安静等待有效了。

第五次（个案咨询第四次）

咨询前状态：

咨询前一天课间，咨询师路过小昊班级，他正在班级里大发脾气，推桌子，桌子后背一次次撞在前排女生身上，数学老师多次叫他名字，希望他能平静下来，但他怎么也停不下来。咨询师考虑了一下，走进教室，用力顶住桌子，让桌子稳定下来。一开始他用愤怒的眼神看了咨询师一眼，继续大力踢着桌子。咨询师告诉他如果是他被撞，老师也会心疼。这句话让他有触动，就停了下来，拿起水壶不停喝水，用来调整自己的情绪。

沙盘作品故事：

这次小昊自己过来，进门看了咨询师一眼，表情很放松，不一会儿就完成了沙盘作品。这次他一边拿沙具，一边会跟咨询师介绍发生了什么，主动描述了沙盘故事：古代人反攻，法师打开了时空大门，他们带着恐龙、大象、猎豹、黑熊等穿越到了现代，现代人装备齐全，将领带兵有步兵、坦克军、空军等。两片阵营以河为界，有桥、有铁路、有船相通，但两片区域就是对峙状态，谁也不主动出击。

咨询师感受：

这次气氛轻松了许多，开始建立信任，但小昊依然敏感、谨慎，防御还在，试探还在，内心压抑着一股力量，需要宣泄。咨询师用足够的耐心给予抱持，让他感受到他是安全的，自主决定是进攻还是防守。

第六次（系统会谈第二次）

会谈人员：心理教师、小昊妈妈、班主任

班主任带小昊妈妈一起来，小昊妈妈神色不太好，痛苦地诉说因为前天晚上跟小昊父亲吵架，第二天送小昊上学时忍不住无故对他发脾气。之后小昊在班级里和同学发生了冲突，还动手打了老师。心理教师用倾听、具体化、情感反应、重述等方式对母亲做工作，帮她理清了小昊情绪失控和她教养方式间的联系。

会谈片段：

心理教师：你困惑小昊发脾气之前会跟你说那么多铺垫的话，你觉得他的发脾气跟你对他的态度有关吗？

小昊妈妈：（突然抬头，眼睛一亮）是的，好像之前每次他在学校发生冲突都跟前一晚在家里被训斥有关。

心理教师：听起来，你之前两三天就要对小昊发一次脾气，这次有进步，快一个星期没有发脾气了。你是怎么做到的？

小昊妈妈：您让我去发现他的优点，我一直在调整自己，所以最近就没有对他发脾气。就是昨天早上没有忍住，然后就又这样了。

心理教师："又这样"指什么？

小昊妈妈：我对他发脾气，然后他又在班级爆发。

心理教师：所以你觉得小昊在班级发脾气和你有直接关系？

小昊妈妈：是的，我过后想想也对。

心理教师：我感觉到你积压了很多负面情绪，很不容易。

（小昊妈妈哭了三分钟后，平静下来。）

心理教师：我看到之前他三天两头发脾气，现在一周一次，有进步了。

小昊妈妈：（笑了）是的，而且发脾气的时间也短了。

心理教师：时间越来越短？你能具体说说吗？

小昊妈妈：之前只要有冲突，我就冲进教室，控制他。

心理教师：（调侃）你看起来像是别人的帮凶。

小昊妈妈：现在我关心他有没有受伤。

心理教师：看起来效果不错，那接下来你想做点什么呢？

小昊妈妈：第一，不把自己的负面情绪转嫁给孩子。第二，不再站在教室窗口监视孩子一举一动，而是去隔壁空的美术教室。如有问题出现，不能解决再干预。

班主任跟心理教师聊了聊小昊的进步，之前设定的目标基本达成，小昊课间开始和同学一起聊天、玩耍了。心理教师表示出对班主任的钦佩和理解，感觉到她对孩子的包容。班主任表示会继续一起努力，对孩子有信心。

第七次（个案咨询第五次）

本次咨询，帮助小昊提升自我解决问题的能力，协助他掌握问题解决的方法，以应对接下来有可能因为冲突而再次引发的情绪失控。

咨询片段：

咨询师：最近在校生活如何？

小昊：一般般。

咨询师：班主任反馈，你很久没有发脾气了。

小昊：（摇头）昨天又和同学打架了。

咨询师：（表示好奇）发生了什么？

（小昊低头玩手指不说话。）

咨询师：我比较好奇，从心里不舒服到爆发，自己能否觉察情绪的变化？

小昊：什么觉察？

咨询师：0—10分，情绪平静0分，有一点愤怒3分，10分是非常愤怒，你有分值上升的过程吗？

小昊：好像有，3分时会感觉有点不舒服，只要别人继续挑衅，一下子就到10分了。

咨询师：哇，我感觉像火箭发射。

（小昊爽朗地笑了。）

咨询师：如果有人挑衅，你会怎么样？

小昊：我肯定就冲上去打了。

咨询师：那你打别人，别人会不会动手打你？

小昊：（犹豫了一会儿回答）大部分会对打。

咨询师：那你会受伤吗？

小昊：肯定啊，但是感觉气出了。

咨询师：有没有可能换一种出气的方式？你之前有过到了10分愤怒，但是没有动手打人的经历吗？

小昊：（想了一会儿回答）有一次，对方是个女的，我控制住了，没有打人，只推翻了她的桌子。

咨询师：哦！看起来，到10分的时候，你还是有控制力的。

（小昊有点尴尬地笑了。）

咨询师：老师给你布置个作业吧，下次你感觉到3分情绪时，能不能把火箭改成飞机起飞，不要直冲云霄，而是在适当的位置让它平稳飞行？

小昊：（笑着说）老师，你这比喻还是挺有画面感的，我试试。

咨询师感受：

小昊情绪较稳定，已经有两周没有情绪失控了，这和班主任用心付出与母亲的积极改变有着很大的关系。在这样的状态下，可以让小昊用自己的力量来进行改变，先从情绪觉察开始。

第八次（个案咨询第六次）

沙盘作品主题：卷土重来

沙盘作品故事：

小昊来到咨询室，提出想玩沙盘。这次不像以往那么安静，一边说一边摆。刚开始盘面一片祥和，有飞机场等待起飞的飞机、学校、医院、加油站、轨道（祥和到不正常），突然腾空出现一个怪兽，一场战争开始了。怪兽横扫一切，机场、医院、轨道都遭到破坏。我问他在哪里，他说在学校里。刚开始学校是安全的，后来出现三只怪兽，把学校也破坏了。这时，天空裂了一道缝，女娲出现了，所有东西都倾倒下来，有石头、外星果子，要把一切都砸掉。就这样，他一边说一边将各种物品（他把这些物品都说成是外太空来的）砸进沙盘。直到上课预备铃声响，他还意犹未尽。我邀请他给这次的作品取个名字，他爽快地说了四个字"卷土重来"，随后飞一样地冲出咨询室，去上课了。

图 2　第四次沙盘作品（来访者角度）

咨询师感受：

"女娲"出现了，将一切都砸碎铲平，我陪着他感受内心由压抑到轻松的转变，这是我期待的局面，象征着一切可以重新开始。"女娲"在他心里是咨询师吗？整个系统发生了变化，重建了他的安全感，他有力量重新生成了。

第九次（个案咨询第七次）

小昊来到咨询室，刚好有同事拿了蛋糕给咨询师，咨询师看他缩成一团，应该是有点冷，咨询师顺口问他有没有吃早餐，他回答没有。咨询师说刚好这里有蛋糕和酸奶，他开始说不要。在咨询师的坚持下，他还是吃了。他吃得很开心，整个人也因为温暖和食物放松了下来，咨询师陪他边吃边聊。

小昊：老师，我上周四又发脾气了。

咨询师：是吗？

小昊：进攻是最好的防守。

咨询师：那这次你有将"火箭"改为"飞机"吗？

小昊：（眼里闪着光）有，自己控制住了，只是踢飞桌子，没有打人。

咨询师：（兴奋地说）你厉害了，居然可以控制住自己了。你是怎么做到的？

小昊：我想到你上次跟我说的数字，在数字飙升时，我踩了刹车，打人改成了踢桌子。

咨询师：（幽默地说）真是很大的进步！就是桌子有点疼，还有我担心你的脚有点疼。

（小昊不好意思地笑了。）

咨询师感受：

"进攻是最好的防守"，更加肯定了之前的推测，小昊是用愤怒的方式在保护自己。这次有很大的进步，可以看出他对和咨询师之间的谈话很用心，并且有了改变的内在动力。

第十次（个案咨询第八次）

这次咨询师让小昊一起整理沙盘器具，在放松的状态下收集到一些信息：

1. 小昊对物品归类有要求，注重细节。2. 小昊有很多害怕的小动物，昆虫、猫、狗都怕（联想到与他的体型和平静下的气质很相似，就像他妈妈说的，其实很胆小），大的动物他反而不怕（联想到他是用愤怒来抵抗威胁，让自己看起来很强大，其实是在保护自己）。3. 小昊已经很久没有和同学发生冲突了，他说都记不得上次发脾气是什么时候的事了。4. 在整理飞机时，咨询师进行积极暗示，表明飞机要重新起飞了，本来是咨询师摆的飞机，小昊非常细致地把飞机排得更整齐一些。

咨询师感受：

小昊对小昆虫非常怕，却对猛兽不怕，这仿佛是他本我和超我的投射，本我是孤单胆小需要保护的，超我是勇敢富有英雄气质的。小昊在整理时归类细致，可以看出他对自己是有要求的，如何激发他的学习愿望是第三阶段的重点工作。

第十一次（系统会谈第三次）

会谈成员：心理教师、任课老师代表、班主任、咨询师、德育主任

心理教师先说明这次会谈的目的，肯定了小昊的改变离不开前一阶段大家的共同努力，在系统合作下，小昊才会有这样的进步。接下来要进入第三阶段，表明对小昊的帮助要继续进行，期待第三阶段结束后（约一个月后），他能和其他孩子一样，不再特殊化。班主任说明小昊两个半月来的变化，最重要的改变是情绪越来越稳定，不再打架生事。另外，和同学发生冲突能主动寻求老师的帮助，并且有了朋友，课间不再是一个人孤单地消磨时间，也能完成一些简单的作业。任课老师代表反馈小昊除了体育课，其他技能课都能正常上。随后，大家制定下阶段目标，对小昊多一点耐心和爱心，但也不必太特殊化，规则与爱并存，具体落实在三个行为上：1. 母亲不再陪读；2. 能跟同学一起上每一节课；3. 能完成大部分作业。

最后，德育主任总结，肯定了小昊的进步和变化，肯定了大家的付出，希望大家继续保持沟通合作，他对小昊下阶段的进步充满期待和信心。

第十二次（个案咨询第九次）

小昊如约而至，神情轻松愉快。

咨询师：你已经有40天没有发过脾气了，真心为你高兴。

小昊：我心里有分数，能在爆发之前控制住。有几次有人惹我，我觉得有爆发风险，就去告诉老师了，不和他吵。

咨询师：你进步太大了，不但能觉察到自己的愤怒的情绪，还能找到处理方法。

小昊：老师，我现在感觉到七分高度时，就做点其他事，告诉自己不能再发疯了。

咨询师：看起来你学习能力很强啊！

小昊：学习能力一般般，数学、微机还可以，英语真不行，语文怕写作文。

咨询师：那数学、微机还行，你是怎么做到的？

小昊：比较感兴趣，课上听听就懂了。老师，我现在开始做作业了。真的，数学作业，我基本都能完成。

咨询师：那真是太好了，做作业对你的学习肯定有帮助。

（小昊很自豪地笑了。）

咨询师：我走过你的教室，经常看到你在阅读。一般来说喜欢阅读的孩子，语文不会太差。

小昊：真的吗？我最怕写作文！可能是我怕写字吧！我有点懒。

咨询师：哈哈，我好像也有点懒。比如我们咨询结束，我总会对于记录我们的聊天过程有点懒。

小昊：我们的聊天，你都要记录？

咨询师：是啊！

小昊：那你已经记录多少字了？

咨询师：一万多，肯定有了。

小昊：（吃惊）一万多？太厉害了，我们作文只要求写 300 字。那要不，我也写写看？

咨询师：我猜你们班主任要是收到你的作文，肯定会乐坏的。

小昊：是的，上次我就写了一段话，她表扬了我很久。

咨询师感受：

一个月前帮助他认识自己的愤怒情绪，觉察情绪的发展过程，用分数的方式直观呈现出来，找到合理的方式替代打人这一行为。他一直在用，很好地管理了自己的愤怒情绪。另外，在谈话中也感觉到任课老师对他的鼓励和支持，他的支持系统有了改变，从从前的不安全到现在的温暖、有支持，这是小昊愿意改变的核心动力。

第十三次（系统会谈第四次）

会谈人员：心理教师、小昊、小昊父母、班主任

小昊爸爸：我们真的不知如何表达对您的感谢，很多感激的话都说不出来。

心理教师：非常高兴我们相互陪伴了三个月，同时也一起见证了小昊的变化，对我来说，这就是最欣慰的事。

（班主任和小昊都满面笑容，看得出他们相处得很好。）

心理教师：学期临近结束，咨询也基本达成预定目标，要告一段落了，我想请大家每人用一句话表达对小昊的肯定，再用一句话表达对他的期待。

（按照顺序发言。）

小昊爸爸：看到爸爸到家后非常疲惫，你递了杯温水给爸爸，爸爸心里感动极了，你一直是个孝顺的好孩子。

小昊妈妈：妈妈看到你这个阶段的变化，我们的关系越来越亲近，妈妈又感受到小时候一家人幸福美满的日子了，真好！

班主任：看到你不再乱发脾气，并且还主动帮我做事，老师非常欣慰。

心理教师：我路过你们教室，看到你不是孤零零的一个人在那里，而是和同学们嬉笑言谈，老师因为你的开心而感到欣慰。

（小昊认真地听我们每个人的发言，抬着头，眼里闪着光。）

心理教师：接下来每人说一句期待的话吧，但是这个期待必须是小昊能达到的，不能过高。

小昊爸爸：爸爸希望你能尽量完成作业。

小昊妈妈：妈妈希望你早上早点起床，不要迟到。

班主任：希望你不懂的地方主动问老师。

心理教师：我深信你各方面都会越来越好，只是需要点时间。小昊，接下来你可以提一个你的期待。

（小昊非常意外，激动地说：真的可以吗？居然哭了起来。）

小昊：我希望爸爸在我玩游戏的时候，不要断网，我保证在规定时间玩。

小昊爸爸：以为多大事呢，只要你有自控力，我们当然支持你玩一会儿游戏，爸爸还可以陪你一起玩。

心理教师：看到你们那么和谐，真心为你们高兴，那么接下来小昊就要靠自己慢慢进步了。只要你有需要，老师会一直在这里，你随时可以来找我。

五、咨询效果及反思

（一）咨询效果

三个月后，小昊不用再陪读；他学习主动积极了，对待老师、同学越来越友善，小火山不再爆发，还成为了老师的小帮手，劝说班中调皮捣蛋的同学要理解老师的辛苦。班主任反映小昊不再让任课老师头疼了，学习上也有进步。父母反馈，家庭氛围越来越和谐，找回了最初的幸福感。任课老师认为系统合作式咨询让每个老师有了共同目标，有参与感，效果好。校领导肯定了咨询师的付出，为小昊的进步感到欣慰，表示系统合作式咨询模式将会在学校内继续推广。半年后回访情况良好。

(二) 咨询反思

1. 对咨询目标的思考与分析

系统合作，是小昊取得明显进步的关键。小昊的问题若只在心理工作室进行咨询，可能有暂时的改变，但不良的外部生态不改变，刺激因素还会再次导致情绪爆发，加深学生的负面体验。因此只有跟学生及他的生态系统同时工作，一起因时而变积极调整状态，才能有实在的、长久的效果。系统中，小昊母亲的改变起了关键作用，另外任课老师和班级同学都成为帮助小昊的资源。特别是班主任，协同咨询，组织、协调，推动着进程的发展。

2. 对咨询过程及技术的思考分析

其一，个体咨询方面。借用沙盘，给予充分信任、接纳、包容，构建了牢固的咨访关系；以积极心理为理念，运用沟通技巧让小昊获得情绪管理的主控权，重新认识自己，和周围的人重建良好关系，对未来充满期待；通过观察和谈话发现小昊处理人际关系的细微情节，运用具体化、隐喻等谈话方式调动他自身的力量，产生新的应对偶发性的人际矛盾或情境的方法，以防止"小火山"再次被点燃。运用认知行为疗法，改变原有核心观念，让他体验到和以往不同的解决方法带来的良好感受，逐步植入新的观念，从而发生根本性改变。

其二，系统合作方面。系统会谈和个体咨询有规律结合，咨询开始阶段，系统会谈让每个成员都融入帮助小昊的系统中，让小昊的改变成为大家的期待，形成合力。在中间阶段，系统会谈有承上启下的作用，强调未来取向，每个人可以做点什么，可能会有怎样的结果，让系统成员对未来有期待，一起向着期待中的目标去努力。在结束阶段，肯定成员的付出，让大家清楚小昊的改变是大家共同努力的结果，让"系统合作式"个案咨询的方式得到老师的理解和支持，成为学校咨询的主要模式。

3. 督导后的思考

（1）通过督导，让咨询师更加清晰了小昊问题形成的原因，问题的核心点是小昊母亲一直是非常重要却又是极不稳定的客体。过度焦虑让她情绪波动很大，有时给小昊很多爱，有时莫名对小昊宣泄很多愤怒。在这样的养育中，小昊没有形成固定的依恋风格，变得很紊乱，警觉、胆小、易怒。在咨询中，帮助母亲成为更好的客体，主要体现在更加理解孩子，不再把小昊当成情绪的出口，给孩子更多的信任和鼓励。同时，咨询师成为小昊的理想客体，使其内心逐渐安定，情绪趋向平稳。

（2）咨询中的不足。整个咨询过程中，小昊都能遵医嘱定期服药，但咨询师对医生的诊断和治疗方式并未细致去了解，特别是对于多动症的诊断和辅助治疗，在咨询方案中并未涉及。

（本案例提供者：江苏省苏州市吴江区鲈乡实验小学　张　倩）

案例三

想做作业却动不了笔
——学业困扰男生咨询个案

一、来访者基本信息

1. 个人基本信息

子平（化名），男，9岁，小学二年级。子平读幼儿园时，老师发现他说话口齿不清，家长带去医院检查，生理上正常。上一年级后，子平经常不肯做作业，父母用打骂方式教育。一年级下学期，母亲帮他完成作业，让他安心睡觉。之后子平的学习动力越来越差，情绪越来越暴躁，经常哭喊、扔东西，甚至动手打家人。

2. 主要家庭成员及关系

子平和双胞胎弟弟、父母、外婆生活在一起。子平跟父亲姓，弟弟随母亲姓。子平的父母都是独生子女，父亲工作相对轻松，每天准时下班回家。母亲做网络销售，工作时间比较灵活，能接送照顾孩子。爷爷奶奶、外公外婆对一家四口的生活都比较照顾。婴幼儿期，奶奶和他们住在一起照顾他们。子平刚出生时晚上跟奶奶睡，一周岁后由父亲陪着睡，读小学开始一个人睡。六岁时，父母觉得奶奶太宠俩孙子，就换外婆来照顾他们。外婆虽宠爱俩孩子，但能按照父母建议，不随意答应俩孩子的不合理要求。

3. 个人成长过程中的重要事件

子平是双胞胎哥哥，剖腹产，出生时呛了一口羊水，在暖箱中呆了一个多星期才被接回家。

幼儿园时，老师说子平不大会说话，父母带子平去了几个医院做检查，诊断显示身体发育正常。

一年级下学期，因为子平不肯写作业，母亲拿了根细棍子坐在边上盯着他写，如不写就狠打。

因为子平说话口齿不清，被同学误会也说不清，与同学矛盾不断，同学们跟老师提出不愿意和子平做同桌，下课也没同学愿意跟他玩。

4. 来访原因

二年级期初，子平放学回来不肯做作业，母亲坐边上盯着打骂也不写，常常是握着笔坐着发愣。但他又害怕不做被老师批评，半夜会起来两三次，说要写作业，母亲陪着他，可他一个字都没写。在学校里，他上课经常发呆，下课与同学发生矛盾。在家里发脾气的次数越来越频繁，还动手打批评他的家长。班主任推荐找学校心理教师咨询。

5. 咨询信息

起止日期：10月初至次年的1月中旬

咨询次数：共咨询13次，每次50分钟，个别咨询7次，系统会谈6次。

二、个案概念化

1. 主要问题表现

子平说话口齿不清，与家人之外的人交往存在困难，所以在外他不爱说话，和同学经常因误会产生矛盾。学习上，也因口齿不清怕被嘲笑，上课不敢发言，也不愿意读背，作业完成出现了困难。学习成绩下降后，子平每天的作业需要父母不断催促，经常到晚上十点左右才能完成。后来，父母盯着他也不动笔，在家里情绪变得特别容易激动，会因为一点点小事哭喊打闹，对家人有攻击行为。

2. 问题形成与发展原因

其一，婴幼儿期，重要的依恋客体不稳定，使其安全感缺失。子平出生后先是独自在"暖箱",回家后晚上跟奶奶睡,一岁后跟爸爸睡,6岁开始自己一个人睡。奶奶宠溺,会及时满足其要求,规则意识不强,爸爸妈妈担心其被宠坏,就让严厉的外婆来照料。由于依恋客体的不稳定和要求不一致性,导致其规则意识差,边界感不强。

其二,父母养育方式不当。同胞间学业有差距,子平学业比不过弟弟,父母经常让他向弟弟学习,如不及时跟进,就会采用打骂方式,导致亲子关系恶化,进一步加剧子平的情绪问题。子平争不过弟弟,就用发脾气、不做作业、打家人等方式来发泄不满,从中获得掌控感。

其三,子平说话口齿不清,表达困难,害怕与老师、与同学交流,经常受批评,不被理解,内心产生孤单、委屈,感觉自己无能。为了保护自己,他给自己筑起了防护墙——在外面尽量少说话,受了委屈也不讲,压抑的情感只能对听得懂他说话的家人发泄。

3. 个体及系统干预策略

心理教师给子平做个别咨询时,建立安全、信任的咨访关系,营造他愿意沟通的氛围,通过行为治疗训练他人际互动的技巧,并让他学会觉察情绪,合理表达负面情绪,提升其心智。同时,心理教师与子平父母建立系统合作,通过父母的改变,带动系统中其他家人、老师、同学与子平相处方式的改变,让子平在学习上、人际互动交往中获得"我能,我会,我可以"的掌控感,体验更多的成就感、安全感,促进其自信心的提升。

三、咨询方案

1. 理论依据

(1) 行为主义治疗理论:将心理咨询的着眼点放在来访者当前的行为问题上,应用强化、消退、行为塑造和示范等基本原理,针对来访者当前的语言交流困难、遇事容易发脾气等问题施加影响,促使问题行为的改善、消失和新的适应行为的获得。

（2）游戏治疗理论：游戏不仅可以鼓励儿童发挥创造力和想象力，也为他们提供了应对压力或失控情境、练习与他人健康互动的机会。本案例中，咨询师运用游戏促进与来访者的沟通，帮助来访者学习新技能和应对方式，并且让他在游戏过程中体验积极的依恋关系。

（3）系统治疗理论：儿童本身是社会关系系统中的一部分，儿童会以多种方式模仿父母，心理问题往往来源于长期不良的家庭互动模式。咨询中，通过父母教养方式的改变，带动家庭、学校等系统做出改变，从而使来访者的学业、情绪、人际交往等问题得到改善。

2. 咨询目标

近期目标：建立良好咨访关系，让来访者愿意表达内心的一些想法。引导家长理解孩子，做出改变，让其"不再半夜爬起来写作业"。

中期目标：确立一些生活中的规则意识，让来访者会合理调整自己的一些情绪，通过语言训练，逐步改善人际交往方式。

远期目标：提升来访者的自我效能感，体验到学习和生活中获得成功的快乐，增强自信心。

四、咨询过程

第一次　系统会谈

会谈人员：心理教师、班主任、子平的父母

此次会谈主要是为了收集信息，了解子平的状况。

班主任：子平说话口齿不清，老师和同学都不大听得明白。一年级刚开始，学习、交友情况还好，后来因说话不清楚，时常和同学发生矛盾，课上也不大举手发言了，经常走神发呆。现在才二年级，学习就已经有点跟不上了，语文成绩不及格，江苏省二年级学英语吗？数学在及格线上，有时能达到良好。因为弟弟能听懂子平说的话，为了减少他和其他同学的矛盾，就让弟弟和子平做同桌，这样有什么事情弟弟也能照顾到他。

心理教师：（问班主任）您觉得子平学习成绩不好，主要是什么原因？

班主任：一年级上学期子平的学习状况还好，我觉得主要是他不好好听课、不认真做作业造成现在的局面。他说话不清楚，现在变得不敢说了。

子平母亲：上幼儿园时，老师发现子平不大会说话，我们带去医院检查，医生说身体状况一切正常，关于口齿不清，去了几个大医院检查，也没查出什么问题，医生就建议多练习说话。我们就没有太在意，给他报了个播音主持练习班，一年下来没有效果。读一年级时，明显跟不上，当时以为是他不用心，就一遍一遍地教，再加上作业拖拉，每天都要弄到十点多。刚开始我们家长凶一下他可以乖乖做作业，后来要打一顿才愿意做作业，到现在打骂都没有用了。

心理教师：子平每天晚上做作业到十点钟，你们很辛苦吧？

子平父亲：我们快要崩溃了。暑假里去一个心理教育机构做了个测评，说是发育迟缓，我们就在网上报了一个为期两个月的父母学习班。这个课程教家长从孩子的角度去想问题，建议家长要是孩子作业实在完不成，就帮孩子做完。尝试帮子平做作业后，发现这孩子不肯做作业的情况越来越严重了，在家里还成了一个霸王，一不顺心就发脾气吵闹。

心理教师：这么难，你们一直坚持在为帮助子平而努力想办法，没有放弃。

子平母亲：老师，在家里主要由我负责两个孩子的学习，每天弄得筋疲力尽，子平现在不仅自己不完成作业还不让弟弟好好写作业，我就希望他完不成作业也不要半夜爬起来做，少发脾气就好。

心理教师和班主任、子平父母协商后决定先做好以下几件事：

1. 父母带子平去医院做个检查，确定一下孩子是否发育迟缓，再一起探讨怎么更好地帮助孩子。

2. 学校里的心理咨询同样会遵守保密原则，请父母对孩子说明心理老师愿意帮助他，征得孩子同意后，每周五下午放学后，到学校心理咨询室来做50分钟咨询。

3. 班主任和各任课老师交流一下子平的情况，请老师们尽量多引导子平说话，多给他鼓励、肯定。

第二次　个别咨询

子平被妈妈带到学校心理咨询室门口，低着头，躲开妈妈的拉扯，不愿意进咨询室。为了消除子平的陌生感，咨询师先带他去学校图书馆走了走、逛了逛，征得同意后，再带他进心理咨询室。咨询师跟子平说明咨询保密原则后，邀请他坐下，但子平没有坐下，侧对着咨询师站着看窗外的操场。咨询师也站到窗口，邀请子平一起玩"我看到了……"的游戏，两人依次说自己看到的窗外的一样事物，比比谁发现的东西多。子平一开始有些拘束，说话声音也很小，后来越说越起劲，语速很快。说到草丛里有西瓜虫时，子平眉飞色舞，咨询师说只要上课不把西瓜虫拿出来，允许他抓着玩，他很开心。子平有些话咨询师听不大清楚，就说"刚刚你说的我有点没听清楚，能不能再讲一遍"，他会加重语气、放慢速度重新说一遍。

看到咨询室里有沙盘，子平说他玩过，经过允许后，他在沙盘中放了坦克、枪、士兵和一辆卡车，车里装了好多弹珠、水晶样石子，说是弹药。他介绍说这是中国军队和美军在打仗，最后美军被打败了，他觉得美军是敌人，最后肯定会输的。子平收沙具、整理沙盘时，不自觉地玩沙、堆山，咨询师陪着一起玩沙。

咨询师：抚摸沙子的感觉怎么样啊？

子平：（笑着）蛮舒服的。

咨询师：感觉你现在挺开心的。

子平：嗯，沙盘挺好玩的。

咨询师：在家里做什么事你也会觉得开心呀？

子平：在家里爸爸和我们一起搭积木、拼乐高。

咨询师：哦，还有吗？

子平：爸爸妈妈还会带我和弟弟一起出去玩。

咨询师：玩什么呀？

子平：骑自行车、打篮球、遛狗……

咨询过程中，咨询师发现子平说话口齿不清，他的话咨询师大约有三分之一是需要请他重新复述的，与人交流的确存在一定困难。由于咨询师的接纳，子平在游戏过程中很自然地表达，并没有出现父母说的在外人面前不敢说话的状态。沙盘游戏过程中的交流，让咨询师感受到子平非常希望和家人在一起，也很享受亲子和谐相处时的家庭活动。

第三次　系统会谈

会谈人员：心理教师、子平、子平母亲、子平弟弟

此次会谈前，子平母亲在微信上给心理教师发了几次消息，说前几天去医院做了各项检查，医生说身体上一切正常，智力也正常，学习上应该没有问题，关键是家长要让孩子独立，不能惯着孩子。子平对医生的话很排斥，当时不说，回来路上要玩手机，父母不让玩，他对母亲拳打脚踢，还说："你打死我算了，打死我，我就不用上学了，不用做作业了。"回到家，他跑到厨房拿把刀说要把母亲砍死，这样他就可以玩手机，没人管他了。菜刀很快被父亲拿走了，他又说要跳楼，自己爬到小窗户上坐着，母亲拿着手机对着他拍，他就跑下来要抢手机。父母觉得医生的话有道理，孩子现在这样的状况，是被家长惯出来的。为了帮助孩子矫正行为，不让他影响弟弟，父亲带着弟弟住到了爷爷奶奶家，母亲和外婆带着子平住。子平对此不能接受，他觉得不公平，弟弟在爷爷奶奶家就有手机玩，而他没有。

会谈中，心理教师先和两个孩子聊，母亲在旁边看着。弟弟也很爱说话，说话时眉飞色舞，说不喜欢哥哥进他房间，会捣乱，子平笑着说弟弟也不好，会抢他东西。谈话过程中，兄弟俩经常抢着说，心理教师建议用"石头、剪

刀、布"形式决定谁先说，他俩都同意。中间谁忍不住插嘴时，心理教师提醒一句也都能遵守约定。谈话很愉快，子平母亲在边上看着听着也笑了，说决定还是俩孩子住在一起。

心理教师：子平，你觉得和弟弟住一起好还是分开好啊？

子平：（笑眯眯地）弟弟住爷爷奶奶家，每天放学回家看不到他，我就也想去爷爷奶奶家。

子平弟弟：我觉得住爷爷奶奶家上学太远了，还是喜欢住自己家。

子平母亲：（看着俩孩子，笑着）班主任把子平的情况告诉了老师们，老师们都很关心子平，放学后轮流带子平去办公室辅导作业，还鼓励他。现在子平半夜做作业的情况好转了，基本十点前能睡觉了。

心理教师：（面向子平）子平，有进步了，给你点个赞。（咨询师伸手给子平点赞，弟弟也跟着向子平点赞，子平笑了）

子平经过心理教师同意后邀请弟弟一起玩沙盘，兄弟俩都喜欢打仗的场景。子平在军队后方摆了饭店、厕所、水井，他说打仗的人也要吃饭、上厕所的，还要喝水。从沙盘中看到子平很希望自己被照顾到。交流过程中，兄弟俩虽然会争吵，但关系不错，弟弟会帮着哥哥，子平去拿水喝时也会帮弟弟拿一瓶。

会谈最后，心理教师和子平、子平妈妈一起确定咨询目标，希望通过家人多理解、帮助子平，让孩子在语言表达上得到锻炼，学习生活中获得成就感，慢慢地不再害怕写作业了。

第四次　个别咨询

子平心情不好，不愿走进咨询室，直接去了图书馆，一个人走走看看玩玩，然后说要去学校池塘看鱼。咨询师陪他走过去，一边看一边聊，再次邀请他玩"我看到了……"的游戏，发现子平对各种昆虫很感兴趣，喜欢西瓜虫、蜘蛛、蜜蜂等小昆虫，观察得很仔细。咨询师及时给予肯定、耐心倾听，他还抓了一只西瓜虫，仔细说了西瓜虫的特点。咨询师顺着西瓜虫的话题跟子平聊起来。

  咨询师：子平，我感觉这只西瓜虫走得很慢，它好像很不开心。

  子平：它肯定被他妈妈骂了。

  咨询师：哎，被骂了，它肯定很难过。

  子平：它可能会哭。

  咨询师：它能不能做点什么让自己不那么难过呢？

  子平：它可以去草丛里打几个滚，还可以去告诉爸爸、爷爷和奶奶。

  咨询师：办法还挺多的呢。

  子平：（忽然朝向咨询师，笑着）老师，跟你来聊聊天，它也会开心的。

  咨询师：（笑）嗯，我得去学会西瓜虫语言……

  此次咨询过程中，子平是带着负面情绪来的。咨询师没有正面去询问发生了什么事情，而是在游戏过程中，借助子平喜欢的西瓜虫，采用隐喻技术，将负面情绪外化，帮助子平学会了调整情绪的方法。

第五次　系统会谈

会谈人员：心理教师，子平及其父母

  此次会谈主要是希望改善亲子关系。心理教师先请子平说说最近在学校里、家里发生的让他开心和不开心的事。

  子平说到了很多被冤枉受委屈的事情，比如，同学趁他去订正数学卷子时，拿走了他书包里的便利贴，说他是偷的，子平跟同学解释说这是妈妈给他的，同学不听，依然坚持说是子平偷了她的。子平说自己喜欢的同学最近不跟他做朋友，他觉得给对方礼物，对方愿意和自己玩、和自己说话就是自己的朋友。在家里，他觉得家人对他也不好，总是说他做得不对、不好。

  心理教师：刚刚听子平说学校里的事，感觉到他受了很多委屈。

  子平母亲：（哭了）我知道孩子受了很多委屈，我和老师沟通过，但老师也很无奈，我知道老师也难做。（子平抽了张纸巾递给妈妈）

  心理教师：上次交流时说到记录孩子做得好的地方，不知情况怎样啊？

子平母亲：我坚持每天记了两个孩子做得好的地方，还念给他们听。这一周好多了，至少子平不会半夜爬起来写作业，晚上他做不下去，就跟他约定早上起来做，所以晚上睡得还算安稳。爸爸觉得这是在惯着孩子，我坚持这么做，我觉得至少应该让孩子安心睡觉，半夜不折腾，白天精神也好些。

心理教师：是的，要让孩子睡好觉。（父亲在边上笑了笑，没说话）

子平母亲：爸爸其实也想教育好孩子的，前天，他看了学校发的一个家教视频，觉得很有道理，还跟我交流。

心理教师：哦，那蛮好的。

子平母亲：有了孩子后，爸爸脾气越来越大，控制不住的感觉。

子平父亲：老师，我也知道发脾气不好，会影响孩子，就是看到他们不好好的，我就忍不住。

心理教师：（微笑）嗯，看来听家庭教育讲座有用，至少知道自己发脾气不好了。（子平和父母都笑了）

子平母亲：老师，前段时间我真的是无头苍蝇，最近我想通了很多，潜意识里觉得子平在你的帮助下会好转，现实的确也是如此，我感觉我没那么担心了，虽然很多时候碰到不如意的事心里还是很烦躁，但是没有以前那么消极了。

心理教师和子平、子平父母协商接下来帮助子平的办法：

1. 努力和老师做好沟通，理解老师的难处，感谢老师的关心，如果发生矛盾是同学有做得不对，也该让同学给子平道歉，让他感受到公平。

2. 父母尽量多带孩子出去运动、抓虫子、做小实验、搭积木，男孩子喜欢玩的、没有危险性的游戏都可以陪着孩子玩。

3. 子平如果心情不好，可以哭，可以打枕头、打沙发，但不能伤害家人。

第六次　个别咨询

子平这次来到咨询室，心情很愉快，说最近最开心的事情是语文老师表扬他了，因为他这次考试有进步了。昨天晚上吃好晚饭，母亲和弟弟跑步送他去上阅读兴趣班，大家都很高兴。他说弟弟有女朋友的事，说他不喜欢弟弟的这个女朋友，说她会打他、会到老师那儿告他的状。还说到了周末去参加科技兴趣小组，和弟弟一起做了降落伞，很开心。

咨询师跟他玩了一个打分游戏，请子平靠在沙发里轻轻闭上眼睛，咨询师将子平说的开心事一一罗列，子平听到一件就伸出手指头给这件开心事打分，最高分10分。游戏过程中，子平一直是微笑着的，说到老师表扬自己时他直接伸出十个手指头，咧着嘴笑出了声。可见他很期待老师的表扬，也真心希望自己学习变好。他不是不愿意学习，也不是不愿意写作业，而是在学习过程中遇到了困难。

咨询师邀请子平玩沙盘游戏，他很愿意，请他选择一些沙具代表他的家人，他选了墓碑代表妈妈，骷髅代表爸爸，说他们都死了；一个很小的人是弟弟，拿着盾牌的巨人是他，躺着受伤的是奶奶，戴着帽子在农田干活的是爷爷，拿着两把枪的是外公，外婆没出现。他说外公和一堆厉害的人是帮他一起打弟弟的。咨询师想试着跟他谈，父母亲怎么都死了呢？他笑笑，闭口不谈。

此次咨询，看到了子平在学习、生活上有改变了，但沙盘游戏中，子平与家人相处的关系模式还存在问题。

第七次　系统会谈

会谈人员：心理教师、子平父母

此次与子平父母交谈，进一步了解了孩子出生后的教养情况，并对父母进行心理教育，让父母了解孩子现在的问题跟之前的教养方式有关，要理解孩子才能帮到孩子。之后商定接下来的咨询设置，两次孩子的个别咨询和一次家长会谈交替进行。咨询目标为确立一些生活中的规则意识，让孩子会合理调整自己的一些情绪。

心理教师与子平父母亲达成共识，拟定了建立规则意识家庭作业：

1. 父亲、母亲和外婆商定，统一规则，每天坚持引导两个孩子刷牙洗脸、洗澡，并让孩子学会主动做一些家务活。

2. 母亲负责孩子学习、做作业，看好时间，在规定时间内完成作业的，给予肯定：嗯，今天子平只花了 15 分钟就把数学全做完了，点个赞。不用额外给奖励，慢慢让孩子有意识，做作业是自己的事情。

3. 母亲辅导作业，如果子平要找父亲教，父亲就说一句："子平，做作业要听妈妈的。"给母亲树权威。

会谈中，心理教师对父母进行心理教育后，接着做了与孩子教养方式相关的行为指导。父母看到自己的亲子教育模式——遇到孩子做了不好的事情忍不住发脾气打骂孩子，事后内疚向孩子道歉，知道这样的方式很难让孩子学会合理表达情绪、认真完成作业。父母也愿意从一些小事做起，慢慢建立家庭规则，接受孩子的情绪、理解孩子的不容易，同时相互之间多支持。家庭成员交往的模式发生改变后，孩子的情况才能改善。

第八、九次　个别咨询

第八次子平带着一瓶水来，显得比较平静，说弟弟跟爸爸去爷爷奶奶家了，他没有之前的羡慕弟弟可以玩手机这种情绪表现。聊着学校、家里发生的一些事情，中间咨询师向子平竖了三次大拇指，第一次是坚持刷牙，牙齿变白了；第二次是在学校里保护了自己班同学的文具，没被其他班同学拿走；第三次是跟着咨询师学怎么用语言与他人交流。

学习跟弟弟交流：

咨询师：子平，如果你想要玩弟弟的玩具，可以说："弟弟，你这个玩具能不能借我玩玩？"

子平：那他不给怎么办？

咨询师：弟弟如果不同意，可以说："我拿我的玩具跟你换着玩，行不行？"我来扮演弟弟，我们俩试着表演一下，说说看，好吗？

子平：（笑着）好的。

学习跟同学、老师交流：

咨询师：之前听说有时候同学听不懂你说的话，误会你了，是吗？

子平：是的，有一次文静说我偷了她的便利贴，那是妈妈给我的，正好跟她的一样。

咨询师：嗯，你着急解释，口水不小心喷出来了，文静告诉老师你向她吐口水。

子平：（低着头笑了笑）她瞎说的。

咨询师：是的，她误会你了，这会让你心里很不好受。那除了跟妈妈说自己的委屈，我们还能怎么办呢？

子平：（沉默了一会儿）不知道。

咨询师：我知道有的时候老师也会误会你。

子平：（抬起头）妈妈说过，可以跟老师慢慢说清楚，老师现在很喜欢我，会听我慢慢说的。

咨询师：是的，不着急，慢慢说，就像你现在这样慢慢跟我说一样。

子平：（笑眯眯）嗯。

咨询师：我们也来试着演一演，这次，你来分配角色，你决定我扮演谁。

子平：好。

……

整个咨询过程子平没表现出厌烦情绪，很积极地练习语言交流，结束时咨询师说了一句：今天跟子平聊了快一个小时，我觉得很愉快。子平回了句：我也很愉快。

第九次来做咨询，子平的情绪也很平静，聊了最近发生的一些事情后，咨询师邀请他一起拿米小圈的书，互相猜脑筋急转弯，他很乐意，玩得停不下来。结束时让他选了一本，带回去和弟弟、父亲、母亲、外婆玩猜一猜。游戏过程中，子平总是能很放松地参与，并且也能遵守规则，同时也在练习把话说清楚些。

这两次咨询，子平说的话咨询师基本都听清楚了，发觉他说话的速度、状态都比之前放缓了，不那么急躁了，所以专注倾听的咨询师能听懂。母亲之前说自己比较急，说话快，这也影响到了孩子。母亲说话做事急的状态让孩子耳濡目染，所以当母亲放慢脚步等待时，孩子状态也好转了。

第十次　系统会谈

会谈人员：心理教师、子平父母

子平父母来时很开心，但一坐下来，母亲就开始数落父亲老是乱发脾气，还举了很多例子，觉得父亲经常说家里人不好，搞得家里氛围不好。父亲一开始争辩说是母亲没让孩子养成好习惯，没有规则意识，后来听着母亲讲，低下头、不时抓着自己的头发，无奈又自责。他坐在沙发里的样子让心理教师想到了子平。心理教师打断了母亲的叙述，描述子平之前咨询时说到母亲打自己时，也是这样瘫坐在沙发里、不说话。母亲听了意识到自己的指责会让孩子失去力量。

会谈中协商了继续和孩子建立良好亲子关系可以做的事：

1. 父母试着控制自己的脾气，记录自己控制住脾气的事情。
2. 多给孩子一些拥抱、身体接触的抚触、温暖的回应。
3. 父母多感谢家中老人的帮忙，带着孩子一起去感谢老师的关心。

此次会谈，似乎谈到子平的部分比较少，但会谈过程中，子平父母感受到他们的相处模式影响到了孩子的成长，所以很愿意改变，让亲子关系和谐。

第十一次　个别咨询

期末复习阶段，多次说到考试的事，感觉到子平有点焦虑。为了帮助子平缓和焦虑情绪，咨询师邀请子平选择自己喜欢的游戏玩，他选了沙盘。

子平摆了打仗的场景，有两幢房子，一座桥，桥下没有水，房子后面是自己的军队，房子正对面是美军，美军那边有饭店、医院、坦克、迫击炮，自己的军队这边有水井。摆好后，子平就在那边玩沙，咨询师尝试着跟他一起玩，他拿了一辆卡车，装了很多沙子，去埋美军，咨询师就跟他一起抓沙，慢慢让沙子从指缝间流到车子上，满了就运过去。感觉到他希望有人可以陪着他这样玩，一边玩耍、一边聊天。

子平：弟弟收到了表扬信，乐于助人，我也有帮助同学修椅子，老师不知道，没发奖状给我。

咨询师：你这是做好事不留名啊。

子平：（笑了）昨天在家做作业，家里来客人了，我和弟弟一起玩手机、吃饭。作业还有一些没做完。

咨询师：嗯，打算什么时候完成作业？

子平：今天一家人去爷爷奶奶家，住到明天回来，作业会带过去做的。

咨询师：蛮好的。

子平：妈妈和阿姨约会去了，去做头发，弟弟跟着一起去了，因为外婆还没回来，家里没人。

咨询师：哦。

子平：（忽然抬头，眉开眼笑）最近数学练习，老师在全班面前表扬我进步了。

咨询师：（伸出手跟子平握了握）祝贺你！

子平：但是期末考试了，我怕考砸了。

咨询师：那怎么办？

子平：我会跟妈妈说，妈妈会陪着我、拍拍我的背，妈妈说我最近学习进步很大，她很高兴。

咨询师：找人诉说是缓解紧张害怕情绪的好办法，还可以跟爸爸讲、跟外婆讲、跟弟弟讲、跟老师讲……（子平听着笑了）

此次沙盘游戏中，子平会摆放打仗的情景，是因为想起了一家人去看电影《长津湖》的情景，他一边玩沙盘，一边叙述了一家人和谐相处的很多事情，说到老师表扬自己时会眉开眼笑。感受到此时他的内心是平静而有力量的，虽然有考试焦虑，但有家人、老师的支持，焦虑就没那么可怕了。

第十二次　个别咨询

这次咨询，子平来了直接走进沙盘室，和咨询师一边聊一边玩沙盘。他说今天在学校做完了数学作业，语文只剩看图写话，打算晚上做掉英语默写，明天做掉看图写话。说这些时有点小得意，感觉很满足自己做好了这些作业。咨询师肯定了他做作业有计划。

子平这次摆了一个动物大会，说是上次父亲说的。他先摆了很多海龟，每只海龟身子下面都有小海龟，埋在沙子里。他再用沙子堆了座山，山上摆座桥，说桥下有水。山两边露出蓝色的海，放了很多小鱼。山下铺了一大片草坪，草坪上有一条狗、一匹马、一条蛇、一头牛。看了一会儿子平觉得很满意，说小动物们在草坪上开联欢会，他们班级元旦也有开联欢会，很开心。

子平摆的沙盘跟之前几次不同，是很多动物和谐生活在大自然的情景。从沙盘中能感受到子平最近在学习、生活中，跟同学、跟老师、跟家人的关系缓和多了。交流中也了解到，他说话老师、同学大都能听懂了，听不懂的，他会很有耐心地再说一遍。学会了与人交往的模式后，子平的情绪也稳定了。

第十三次　系统会谈，结束咨询

会谈人员：心理教师、子平父母

期末考试结束，马上放寒假了，这次和子平父母亲谈话，主要目的是想做个总结，结束咨询。心理教师也提前说明了这次会谈的目的。

子平父母亲来时感觉到心情不错，说到子平这次期末考试三门功课都考得不错，成绩比弟弟好，语文良好，数学优秀，英语是口语考试，提前练习了很多遍，也过关了。现在俩孩子都去了爷爷奶奶家，很放松，晚上父亲会去陪他们，母亲因为还有工作，这几天暂时不过去。寒假已经给两个孩子报了学习提高班，是经过孩子同意的，他们愿意去。

心理教师罗列了这个阶段父母亲为了子平所做的努力与改变，给予了肯定。母亲说现在孩子再出现之前做不了作业的情况，她也知道要怎么做了，就是希望父亲能有所改变。心理教师建议：改变是双方的，你俩都很努力，要学会看到对方的好,像表扬孩子一样,互相表扬、肯定对方,这样对孩子的成长也会有帮助。

五、咨询效果与反思

(一)咨询效果

本案例中的男孩在经过心理咨询后,厌学做不了作业的状况有好转,不再半夜爬起来做作业了。母亲从班主任处了解到,他和同学相处时的矛盾也减少了,情绪趋于稳定,有时候说话能做到慢慢讲、不会急躁得喷出口水了。在家里,有时还是会出现不想写作业的情况,父母亲改变了教育方式,不打骂了,察觉到生气时会先让自己冷静下来再去和孩子交谈。一家人也经常出去骑车、打球、遛狗了。子平学习成绩提高了,期初各科成绩都是及格左右,期末达到了优良。孩子脸上的笑容多了,在家里乱发脾气的次数明显少了,父母亲觉得一家人现在相处得很融洽。

(二)咨询反思

1. 对咨询目标的思考与分析

本案例的咨询目标是根据来访者的困难和家庭的情况而设定的,符合来访者及其家庭的需求,咨询目标达成度高。

其一,父母的改变意愿强。在咨询过程中,孩子的父母积极参加各类家庭教育学习活动,他们会去尝试不同的教育方式,也会反思自己做得不好的地方,跟孩子道歉。

其二,学校老师很关心孩子。班主任推荐孩子来做心理咨询,知道孩子智力没问题,只是语言交流暂时有点困难,班主任就和任课老师一起有计划地去帮助孩子,这让孩子感受到了来自老师的温暖。

其三,咨询师能成为孩子好的依恋客体。咨询师有耐心、愿倾听、能共情,在咨询规则之内给了孩子自由与信任,让孩子身边有了一个可以依恋的情绪稳定的温暖客体。

2. 对咨询过程及技术的思考分析

其一，孩子改变需要系统支持。面询中，发现孩子虽然口齿不清楚，但是很喜欢和人交流，咨询师听不懂的地方，他也愿意一遍遍重复说。通过多次系统会谈，咨询师让孩子父母先理解孩子表达不清被误会的痛苦，再去跟老师、爷爷奶奶、外公外婆沟通交流，一起寻找方法帮助孩子。孩子所处的系统有了好的改变，孩子也就慢慢变得有力量了。

其二，"玩游戏"是有效的咨询方法。对于一个背负着诸多消极情绪、缺乏安全感的九岁儿童，玩游戏可以帮助他放松心情、表达自我、感受快乐，同时也可以促进咨询师与儿童相互信任关系的建立。此外，游戏中咨询师还可以潜移默化地帮助来访者做好行为训练，就地取材、形式灵活的游戏咨询方式比较适合小学生。

3. 督导后思考

经过督导师督导，本案例有三个方面需要改进：

（1）因为咨询师是学校心理教师，为了联系方便，与孩子父母互加了微信好友，使得在前期的咨询过程中，父母一遇到问题就在微信上发消息求助。这样咨询师被卷入过深变得疲惫不堪，也不利于咨询目标的达成。所以，学校的心理咨询，咨询设置同样要清晰，恰当的边界设置有助于咨询效果的提升。

（2）案例中的孩子需要行为训练、语言训练、交往训练、感统训练等，单靠咨询师在几次的咨询过程中去引导是不够的，需要引导系统中的其他人一起重视并帮助孩子进行训练。

（3）这个家庭中实际存在的问题可能还比较复杂，咨询师要进行更多互动，干预时可以选择其中一个点让家庭动起来，咨询才会更有效。

（案例提供者：江苏省吴江实验小学教育集团　顾琴华）

案例四

星星终会闪光
——自闭症谱系儿童干预个案

一、来访者基本信息

1. 个人基本信息

星星（化名），8岁，二年级女生，上课时，注意力集中时间短暂，经常随意离开座位。她表达能力较弱，从不主动与班上同学交流。课上，偶尔会蹦出几个与课堂情景无关的短语。她自理能力差，在家吃饭常由家长喂，在学校午餐时挑食严重，不太会用勺子，经常用手抓饭。一年级入学后，经班主任建议，家长带去正规医院检查，确诊为自闭症谱系倾向儿童，智商略低于正常值。随后，家长开始轮流陪读。

2. 主要家庭成员及关系

星星的父母都是外地来苏人员，工作稳定，妈妈经常晚上加班。父母结婚多年才生下星星，她的出生给家庭带来了快乐。上小学前三代人共同居住，奶奶文化水平低，生活上特别宠溺星星。爷爷有文化，但教育观念陈旧，经常命令和说教，缺少积极评价。父母及爷爷奶奶的教育观点不一致。家族中两系三代内无精神病史。

3. 个人成长过程中的重要事件

星星在上幼儿园时，上学随意，只去半天，喜欢一个人在教室外面跑，生活由奶奶照顾。

小学开学第一天，星星不愿去操场参加入学典礼，一个人躲在竹林里，副班主任找到后把她带到操场。午饭时，星星又离开了班级队伍，在教室外独自玩耍，后来哭着找妈妈。

从一年级上学后第一天下午开始，爸爸、妈妈和爷爷三个人轮流到校陪读。

4. 来访原因

星星升入二年级，奶奶突然脑中风，爷爷和母亲因为晚上要轮流照顾生病的奶奶，白天还需要到学校陪读，身心疲惫。为此，爷爷特地前来咨询，希望通过咨询，星星能在学校独立学习，不需要家长陪读。

5. 咨询信息

起止日期：9月中旬—12月下旬

咨询对象及次数：每周一次，每次 40—60 分钟

第一次咨询	第二次咨询	第三次咨询	第四次咨询	第五至八次咨询	第九次咨询	第十次咨询
家庭系统会谈	学校系统会谈	与爷爷会谈	班级系统会谈	个别咨询	班级系统会谈	家庭系统会谈

二、个案概念化

1. 主要问题表现

星星属于自闭症谱系儿童，语言发育迟缓，不与同学交流、玩耍，不与老师互动。课堂上，规则意识差，随意离座，不专心听老师讲课。自理能力差，用餐、整理文具书本、上厕所等方面需要家长帮忙。作业完成有困难，行为刻板，除了机械的抄写可以完成，其余作业需要家长单独辅导。

2. 问题形成与发展原因

其一，家庭相互矛盾的教养方式。星星上小学前完全由家中祖辈照顾，奶奶包办代替，爷爷要求严厉，"填鸭式"说教和"惩罚式"批评居多。父母

属于佛系家长，信奉"快乐"教学，自由发展。星星只上半天幼儿园，没有上课的规则意识，家庭成员忽视对星星自理能力和人际互动的培养。

其二，自闭症谱系症状造成的人际交往困难。星星因为口语及肢体语言协调困难，存在社交沟通与互动上的困难，无法与老师和同学进行有来有往的对话，与父母也只能进行简单的沟通，缺少眼神交流。

其三，星星言语发展迟缓影响学习。星星在言语表达上跟不上同龄儿童，上课不发言，也听不懂老师稍复杂一些的语言，跟不上正常学习节奏，学习上有困难，上课就无聊多动，影响同学。

3. 个体与系统的干预策略

利用绘画疗法给星星做个别咨询，通过绘画，与星星建立关系，让她用言语表达自己的想法。同时，与星星的家长、任课老师、班级同学建立系统合作，减少星星对班级的影响，锻炼星星的自理能力，帮助星星适应学校生活。

三、咨询方案

1. 理论依据

（1）绘画疗法：是让来访者通过绘画的创作过程，进行表达与沟通。对于自闭症谱系儿童来说，绘画是一种最初的语言，一种最自然、最直接的讯息传递方式，咨询师可以借助绘画走进自闭症谱系儿童的心灵。绘画可以帮助咨询师评价儿童的成长和发展状况，了解儿童对自我及家庭的认识，从而帮助儿童解决在情感和人际关系等方面的困扰和问题。

（2）行为疗法：是以行为主义理论为依据的心理咨询与治疗方法，它认为人的问题行为、症状是由错误的认知与学习所导致的，主张将心理咨询与治疗的着眼点放在来访者当前的行为问题上，注重当前某一特殊行为问题的解决，以促使问题行为的改变、消失或新行为的获得。本案例中，重点是对来访学生的自理能力和课堂规则等行为的练习。

（3）系统疗法：所有的系统都是建立在一系列规则基础之上的。当家庭处于一种动态平衡状态时，家庭的这些规则可以正常运转，但是，在这种平衡的某些方面发生改变时，可能有必要对这些规则进行修改以使得这个系统达到一种新的平衡。本案例涉及的对象不仅限于星星本人，而是通过家庭成员和班级成员之间的换位思考和情感交流，达到相互关心、相互支持、相互理解、彼此接纳的目的。

2. 咨询目标

近期目标：家长、老师和同学为来访者提供心理支持，帮助孩子适应学校生活。

中期目标：家庭、学校和社会系统合作，培养来访者的生活自理能力，逐步化解孩子对家人的依恋，不需要家长陪读。

远期目标：培养来访者与伙伴交往的兴趣，也能简单表达自己的想法，能在学校独立学习。

四、咨询过程

第一阶段：建立系统合作

主要通过系统合作会谈，了解星星的基本情况，对星星的心理问题进行分析评估。与星星家长、任课老师共同商讨咨询目标。

第一次　家庭系统会谈

本次会谈，由心理教师策划，向家长提出邀约，心理教师先向家长介绍任课老师对星星的关爱，建立家校支持系统。

心理教师：三位家长已陪读一年，能否说说星星有了哪些进步？

星星妈妈：星星每天都到学校上学，这是孩子最大的进步。

星星爸爸：兴趣单一，假期里参加过一个英语培训班，这个班上课一个半小时，中间有游戏、活动等形式，她没有走出教室，一些英语单词也会拼读。在家里有时挺专注的，让她抄词语或单词五遍，写十几分钟也愿意。

星星爷爷：上课听不懂，她就画图、做口算、练字，没有影响别的小朋友上课。

……

心理教师：你们做了很多努力，在家庭成员的合力帮助下，孩子有了不少的进步，目前还存在哪些问题呢？

星星妈妈：上课不专心，不跟着老师。没有时间概念，下课出去玩，不知道回教室。上课时，她翻到哪一页，也是凭兴趣。在学校吃饭少，不听老师和同学的指令。

星星爸爸：指令不起作用，任性，不会控制情绪，想要什么不给就生气。

星星爷爷：这是家庭教育的失误，这么大了，还喂她吃饭，集体生活不能适应。玩具太多，到处都是，不会收拾。有的玩具买了还没拆。孩子爸爸常常陪她玩到11点，孩子也经常晚睡，作息没有规律。父母帮她报培训班学英语，是拔苗助长。

星星妈妈：早上吃饭，她速度很慢，奶奶怕她来不及上学才喂饭的。幼儿园一直回家吃饭，下午睡个午觉，两点多才送去幼儿园。她不跟同学玩，自己一个人在外面跑。

星星爷爷：这个孩子，得了这个病，我在小区里走路都难为情的。

心理教师：你们为了帮助孩子，一定想了不少办法的。

星星爷爷：办法也想了不少，我们带她去机构训练，花了不少钱，可进步不大，还跟我不亲。

心理教师：爷爷非常辛苦，但解决孩子的问题需要高质量的陪伴，不可以因为一时的进步慢就泄气。目前只是我们暂时还没找到适合的方法，只要我们老师和家长合力，相信星星一定会有进步的。

星星爷爷：我不想来陪读了，星星奶奶生病了，我白天陪孙女，晚上陪妻子，感觉太累了。

心理教师：你真的很辛苦。你想退出陪读，我们会先商量一下，给星星一个适应过程，逐步退出陪读如何？

星星爷爷：好的，我相信你们有办法的。

心理教师：我们一起努力，先训练好孩子的自理能力，帮助孩子慢慢适应校园生活，采用系统脱敏的方法，家长从教室内慢慢退到教室外，最终离开校园，孩子在校独立学习。

星星爷爷答应了，心理教师布置了家庭作业。

家庭辅助训练打卡

项目 要求 日期	1. 吃饭	2. 整理玩具	3. 如厕	4. 社交
	自己吃，如果担心吃不饱，后面再喂	尽量减少辅助，耐心等待独立完成	尽量减少辅助，耐心等待独立完成	每天引导主动打招呼，及时给予奖励

第二次　学校系统会谈

心理教师向任课老师邀约，邀请她们到心理辅导室会谈。首先介绍星星当下遇到的困难以及家庭教育困难。任课老师表示理解家长的苦恼和焦虑，会主动帮助星星告别陪读，让她感受到学校的温暖。

心理教师：经历了一个暑假，星星升入二年级，你们看到她有了哪些进步？

语文老师：汉字的书写虽显得有些特别，但每个字大小相近，比较工整。

数学老师：数学口算正确率有提高。

英语老师：教过的英语单词记得比较牢，默写正确率还是挺高的。

音乐老师：课上，喜欢和小伙伴一起跟着节奏律动。

美术老师：绘画时没有声音，会把整个版面全部画满。密密麻麻，不留一点空隙。

……

心理教师：星星家长下周开始不来陪读，还存在哪些安全隐患？

体育老师：体育课上，星星常常会离开班级队伍，找寻自己感兴趣的项目，不参与集体活动。她的安全让我好担心。

数学老师：写作业时，她打开本子，不动笔。老师帮助她握笔，她拿着笔还是不写作业，有时把笔扔了，嘴巴里喊"妈妈，妈妈"。一节课会跑出去三四次，有时隔壁班的老师会把她领进教室，但她从教室后门又溜了。

科学老师：她没跟班级队伍到教室上过课，常常会去船模水池旁玩耍，我特别担心星星不小心会掉进水池。

美术老师：午餐时，她把手伸进班级的饭菜盘里，很不卫生，影响其他同学的食欲。

……

心理教师：如果教室里多一双眼睛关注好星星，多双手帮助星星，或许可以减轻大家的焦虑。二年级是培养友善的最佳年龄段，因为八岁以后的孩子开始有了主动去爱的意愿和能力。有了这种需要，我们可以呼吁班级小伙伴通过每个人的努力去创造爱、贡献爱。通过师生的付出与给予，定能让星星感受到友善的温暖。班级里可以成立友善小队，针对可能出现的安全问题，一起帮助星星。

有了学校心理教师的支持，任课老师的压力减轻不少，家长也深感学校对星星的关心，继续配合心理老师进行家庭辅助训练。班级成立友善小队，以更好地帮助星星适应校园生活。

友善小队辅助项目

项目 要求 日期	1. 领饭	2. 带领星星去技能教室	3. 帮助星星课前准备学习用品	4. 打招呼
	带星星排队，确保每次在食堂用餐	督促排队，确保到技能教室上课	尽量减少辅助，耐心教星星整理	每天主动跟星星打招呼，积极与她互动

第三次　与爷爷会谈

星星跟着班级队伍去二楼上音乐课了，星星爷爷趴在星星的课桌上休息。据星星妈妈早上 QQ 留言反馈，星星哭着要妈妈陪，不要爷爷陪。咨询师决定把爷爷与星星的关系作为突破口，引导爷爷觉察在教育孙女时的不恰当认知和行为，降低对星星的期待值，调整祖孙互动模式。

星星爷爷一走进心理辅导室，就对心理教师说："我女儿小时候读书成绩很优秀，怎么生了这么一个孙女！我一看到星星的缺点，就让她改，可她改不了。孩子这个样子，我真看不到希望了。"

心理教师：我理解您的失望和难过的心情，您来陪读，真的很不容易。星星能自己跟着班级去上音乐课，已经有了很大进步。

星星爷爷：是的，这段时间，她确实进步不少。我现在最大的心愿是孩子能和其他孩子一样正常上学，不要家长陪读，能和正常孩子一样与同学、老师交往。

　　心理教师：让星星与同学、老师正常交往，我们先要让她与家庭成员有正常互动，星星与你互动怎样？

　　星星爷爷：她不喜欢我，跟我不亲近。

　　心理教师：您跟她接触时间比较多，她不喜欢与您亲近，有什么原因吗？

　　星星爷爷：我平时可能态度不大好，教了几遍她还学不会，我就发火了，就要打，就严格批评她。她不想到学校读书，我就把她拖起来。不管她有没有吃好早饭，都把她带到学校里来。（眼眶有点湿润了）

　　心理教师：您用这样的方式想给星星建立规则，让她适应学校生活，可结果是让她怕你。

　　星星爷爷：是的，我做错了，我是不是该跟孩子道个歉？

　　心理教师：您是否向孩子道歉，由您决定。您认为孩子最需要您做什么？

　　星星爷爷：我多给她肯定，多表扬她。

　　看到星星爷爷诚恳的态度，心理教师挺感动的。

　　在后面的会谈中，心理教师跟星星爷爷探讨孩子的身心健康和孩子上学哪一个更重要时，星星爷爷意识到只要星星有生活自理能力，身心健康就好，孩子的学习辅导让星星父母负责，自己多陪孩子跳跳绳、骑骑车就行。

第四次　班级系统会谈

　　心理教师找班主任和星星身边的伙伴谈话，主要交流如何改善星星和同学之间的互动关系，让她融入到班集体中。同学们一开始说了很多对星星的不满：上课玩前面同学的辫子，打扰同桌写作业，随意发出声响等。心理教师用同理心，说出他们的感受，并告诉他们星星在人际交往方面有困难，需要同学们的帮助，启发他们换位思考一下，假如你就是星星，你期待别人怎么对你呢？同学们说了很多帮助星星的想法。心理教师建议班主任利用班级活动，让星星参与集体活动，给予她关注和支持。

　　此次会谈结束后一段时间，班主任邀请星星到办公室，告诉她哪些地方有进步，并给予奖励。每天的大课间活动，组织全班同学玩"无敌风火轮""踩报纸过河""跳房子"等集体游戏，星星都能积极参与，并愿意遵守游戏规则，跟同学一起合作。

第二阶段：个别咨询

主要运用绘画疗法，帮助星星打开心扉，能用词语简单表达自己的想法。

个别咨询干预

阶段	次数	绘画主题	干预目的
建立良好的关系	第1次	自由涂鸦	建立信任、安全的咨询关系；熟悉绘画，对绘画产生兴趣。
了解个案固有的认知结构	第2次	自画像	对个案的行为模式做出反应。
情绪表达	第3次	情景画	个案通过情景作画，表达自己从情景中体会到的感受。
调整整合	第4次	接力画	巩固前几次的干预效果，并通过接力画的形式检验个案在沟通、表达方面的进步。

第五次　个别咨询

星星由妈妈带到学校心理咨询室，咨询师在门口与她打招呼，星星抱着妈妈的大腿，虽然有跟妈妈道别，但一直不肯放手，更不愿意独自待在心理咨询室。咨询师让星星与母亲一同待了几分钟，又跟星星进行了简单的互动，使星星有了安全感，母亲才离开。

在咨询师的提醒下，她选择了坐的位置，咨询师将材料和工具放在桌面上，并示范如何用铅笔、油画棒和水彩笔进行绘画。

星星观看了整个过程，随后，她坐在座位上，不安地晃动着自己的身体，犹豫地依次拿起红色、绿色、蓝色和黄色的油画棒，在白色8开卡纸上画线条，在画的中间偏上的部分画了一朵小花。

星星画到左边像房子的部分时，一边画，嘴里一边发出"呵呵、呵呵"

的声音。当咨询师问她黄色代表什么时，她先是看了咨询师一眼，用不太清晰的语言说道"房子"，然后不再理会咨询师，继续画画。

画完各式颜色的线条后，星星开始摆弄手里的棕色油画棒，停顿了几分钟后，又开始涂抹起来。每换一种颜色她都会停顿一下，比较一下两支笔的长短，发出不太清晰的"对，对了"的声音后，接着画下一步。本次绘画活动即将结束时，星星拿起黑色油画棒在右上角画了几下才停下来。

咨询师感受：

本次绘画活动对于星星来说既陌生又熟悉，在经历了进门前的情绪波动后，星星绘画时注意力较为投入，一边画画，一边用嘴发出声音，情绪放松，整个绘画过程中都没有出现阻抗行为。通过绘画这种非语言的沟通介质，星星很自然地呈现出自己的潜意识活动，出现从被动到主动的转化，这是很好的开端。在绘画活动中，她也开始接纳咨询师发出的肢体或口语化语言，受到打扰也没出现情绪波动，有了初步互动。

第六次　个别咨询

本次咨询，安排了自画像内容，目的是了解星星目前的性格、态度和固有的认知模式。

从星星自画像的整体布局来看，整幅画偏左，体现了她内向、情绪化、偏向精神领域的一面，这跟她长期驻留在自己的世界里有很大的关系。从颜色上来看，她使用了亮丽的红色和黄色来装扮自己，说明她内心具有阳光、活泼的一面；但同时，色调的搭配略显突兀，如同在真实的世界里，她的语言发展和身体发育是不协调的。从细节上来看，她特别强调了嘴巴。绘画投射理论告诉我们，自画像中人物形象的大小与本人的自尊及适应周围环境的能力都有直接的关系。星星因为语言表达与同龄人不同，所以特别强调了嘴巴。画完之后，咨询师问星星："这是你的嘴巴吗？"星星没有回答，她用一只手遮住自己的嘴巴，仿佛回答"是的"。星星画的嘴巴是微微张开的，很可能代表她愿意与咨询师交流。

第七次　个别咨询

本周星星在进入心理咨询教室时，愉悦地与父亲道别。她坐好后，咨询师给她一组小动物图片，让她选择一个照着画。星星拿起白色的卡纸，开始自由绘画。星星在画面中间画了个半圆形，振振有词地对咨询师念着："蜗牛，蜗牛……"咨询师指着蜗牛问星星："你喜欢蜗牛吗?"星星用一个在地上爬的动作代替了回答。

画完，星星看到自己画的蜗牛很兴奋，拿起油画棒开始涂色，嘴巴里不时地发出"哈哈，哈哈"的声音。星星用蓝色的油画棒在蜗牛的上面画了很多线条，接着又用绿色的油画棒画了几片叶子，大体完成以后，她又用红色线条进行了个别修饰。在修饰过程中，会主动用声音吸引咨询师，看了她的成果，咨询师立刻给予肯定的回应："星星，你画的蜗牛真好看!"她开心地晃着脑袋，脸上露出了笑容。

咨询师感受：

本次绘画，星星的兴奋度及与心理老师的交流明显较之前增多。活动结束后，咨询师跟星星的父亲进行了简短的沟通，得知昨天父亲带星星去小区里抓蜗牛，回家后她特别开心。星星在最后的画面中进行了细节调整，把稍显繁乱的线条重新划分好区域。

第八次　个别咨询

星星此次进入心理咨询教室的情况与以往相比开始发生微妙的变化。咨询师刚与她打招呼，她就拉着咨询师的手一起进入房间，并自行搬椅子、坐好、等待。为了巩固前几次的干预效果，咨询师与星星进行了接力画，通过接力画的形式检验星星在沟通、表达方面的进步，咨询师告诉星星本次绘画的规则是一人画一笔，最后画成一幅画。

刚开始星星拿起一支绿色的水彩笔，在画纸的下方画了小草，虽然咨询师提醒她只能画一笔，但星星把下面的一片草地都画完才停笔。在随后的绘画中，咨询师没有坚持一人画一笔的原则。然后，咨询师在她画的一棵小草上方画了一朵花，星星看到了，在所有的小草上都画了花。接着，咨询师在左上方一笔画了圆圈，星星看到后，马上在圆圈的旁边添加了"光芒"，使这个圆圈变成了"太阳"。她的脸上露出了得意的微笑。

咨询师的感受：

本次绘画活动，咨询师实施了主动干预，在与星星接力画的互动过程中，增强了她的自我意识。星星从自我认知到自我体验，再到自我表达的行为表现中，显现了较好的配合和意愿表达。当然，这也是以之前几次绘画活动建立起来的默契为前提的。

咨询结束后，咨询师把这种绘画方式教给家长，让家长在家中与星星一起互动。家长特别配合，当天就买了白板。随后的日子里，一家三口多次进行接力画，星星能尝试通过绘画向父母表达她的想法和情绪了。

第三阶段：巩固与结束

第九次　班级系统会谈

为了巩固个案咨询效果，心理教师分别向班主任和友善小队成员发出邀约，进行一次会谈。

班主任反馈：这三个月，星星的进步挺大的。她有了一定的规则意识，告诉她上课不准走出教室门，她就没出去了；体育课上，也能和小伙伴一起练习跳绳，现在一分钟能跳 71 下了。家长没来陪读，班中的同学都能主动帮助她。星星还会主动找老师，问妈妈几点来接。

心理教师：第四周开始，星星告别了陪读。星星之所以不需要家长的陪读，是因为有了你们的大力帮助。她的家长不来陪读后，你们发现星星有了哪些转变？

学生 1：星星感冒了，不停打喷嚏，她带的纸巾很快用完了，她指了指鼻子，向我要餐巾纸。

学生 2：下课了，我看到星星的语文补充习题没有交，提醒她回教室订正作业。她听我的话，回教室了……以前，她不听的。

学生3：下课时，星星把老师写过的粉笔头，一个个捡起来放进了粉笔盒……受到了老师的表扬。

学生4：有一次上音乐课，我没看到星星来上课，以为她走错教室了。过了一会儿，她自己找到教室，过来上音乐课了。

学生5：之前星星不会自己领饭，都是同学帮忙领好一份放在她桌上，让她吃的，现在她愿意排队，跟同学一起领饭了。

……

心理教师感受：

班级老师和同学对自闭症有了正确的认识后，对星星给予足够的心理支持，能让星星在学校日常生活情境中，增加同伴互动，改善伙伴关系。家校紧密配合，为星星提供社会支持，无条件地理解和包容，给予星星成长的空间，令人欣喜的是星星能渐渐主动说出自己的想法了。

第十次　家庭系统会谈

本次会谈人员：星星父母、班主任、心理教师

总结前一阶段咨询，准备结束本学期咨询。

星星父母反馈：坚持每日家庭训练打卡后，星星的自理能力进步很大。每天早上不必一遍遍地催着她起床，她会自己穿衣服，背好书包等家长送她到学校读书。到了校门口，主动和家长说再见。星星还跟父母说，她长大了，要一个人在学校里读书。在妈妈的示范教学下，已经学会了跳绳，一分钟可以跳70多下；在爸爸的指导下，她还学会了骑自行车，可以在小区里骑几圈。

班主任反馈：星星在班级同学的帮助下，进步很大。课间十分钟，友善小天使们主动与她交流，带着她游戏，老师们也放心了。相信星星已经感受到集体的温暖、参与的快乐和成功的喜悦。星星向老师表达自己想法的次数越来越多了，期待她更多地向小伙伴表达想法。

心理教师肯定了星星父母坚持家庭训练打卡提升星星的自理能力，然后

结束本学期的咨询。星星父母主动提出下阶段的家庭教育的主要目标：不过多关注孩子的学习成绩，而是培养星星在未来适应社会需要的沟通能力。

五、咨询效果与反思

（一）咨询效果

根据个案跟踪，星星的任课老师反馈，经过三个月的家庭辅助每日打卡训练及心理咨询，星星的动手能力有所提高，能够独立完成的事情越来越多，如，走出教室，穿上外套；会自己拉校服的拉链；会独立用勺子吃饭。课堂上，大部分听从老师的指令，在同学的帮助下参与到集体大课间活动中。从开始的见到老师就躲避，到现在能够在家长的鼓励下每天跟老师问好，慢慢地表达自己的想法或袒露出主动想要某样东西的欲求，如如厕、喝水、想要妈妈来接等。午餐时，星星看到伙伴喝完汤后请求班主任添汤，星星也拿着空碗起身走到值日老师面前，拉值日老师的衣角，指着汤盆说"加一勺汤"，这充分显示出，星星已经开始出现从"物"到"人"再到"物"的意识表达过程。

（二）咨询反思

1. 对咨询目标的思考与分析

本案例中，咨询目标达成度高，有四个方面的原因。

其一，接受现实，积极行动。家长和任课老师都能接受星星自闭症的事实，采取有意义的积极行动。任课老师接纳自闭症学生随班融合教育，当星星有时无法完全遵守常规要求和完成作业时，知道不是星星故意和自己作对，而是真的遇到困难，给她再一次提示和多次练习的机会。根据孩子的学习情况，弹性布置作业。营造友爱的班级气氛，关心星星。当星星不在教室时，老师跟班级学生说明她的情况，全班学生和老师一起想办法帮助她。班级同学在观察、分析、猜测星星独特的言语及行为后，充分发挥各自的特长，乐意成为星星的"小助理"和"小老师"。

其二，特殊儿童，融合教育。自闭症谱系儿童虽然举止比较特殊，但不可纵容或放弃。一旦纵容或放弃，会让他们失去早期干预的机会，形成不良的生活和学习习惯。他们需要老师和家长给予更多的指导和练习的机会。只有学校老师、同学和家长耐心地陪伴孩子向前走，才会给予他们成长的空间和时间。案例中的星星是幸运的，她在大家的帮助下，成功告别了陪读，与正常学生一起在校学习、生活。

其三，每日打卡，为其赋能。自闭症谱系儿童的康复周期比较长，需要将训练融入到日常生活中，才能为其赋能。咨询师看到星星的困扰和问题，理解任课老师和家长的无奈与担忧，通过会谈，建立起家校系统合作教育联盟。在星星自理能力的培养中，教师和家长扮演的不仅是引导者，还是支持者、助力者。在实际训练中，教师和家长根据星星已具备的能力，合理制定星星能够达到的目标，分阶段不断调整针对性的家庭日常训练活动方案，帮助星星更好地适应生活，进一步发展星星适应社会的技能。坚持每日打卡训练、每日及时反馈、每日积极评价，持之以恒，让星星有了质的飞跃。

其四，绘画治疗，打开心门。绘画治疗，一方面为星星营造宽松的绘画环境，另一方面可以让星星放下紧张的情绪。通过绘画平衡个体身心、舒缓情绪。绘画，有利于星星与咨询师建立互相信任的伙伴关系。绘画治疗尤其适于不爱说话或说话有困难的星星，通过绘画，能探知星星内心深处的所感所想。通过绘画，引导星星从被动认识逐渐转化为主动认识。随着活动的深入，星星的感知能力有了提高，沟通行为也得到渐渐改变，从开始只会将视线锁定在某个物体身上，转变为对周围外界环境和人产生关注。

2. 督导后的思考

（1）对于自闭症谱系儿童的鉴定还需要进一步的核实。星星经三甲医院初诊和复诊，诊断为有儿童自闭症谱系，是程度较轻的自闭症。但作为咨询师，还需要评估她的发展年龄、身高体重、在康复机构的训练内容和有无定期检测等。对于星星在学校出现的问题，还要加以识别，是她发展年龄小还是故意吸引其他学生注意力所为？如果是心理年龄小，训练不足，需要任课老师包容，切不能当众批评；如果是故意所为，需要多与孩子交流。

（2）家长要意识到社会交往能力比孩子的学业还重要。当前星星能对老师和父母主动表达自己的意愿，都是家长在家反复训练的成效。若能泛化到与同学相处中，相信孩子也能学会沟通技巧。

面对类似星星这样的个案，作为心理教师，能做的是取得家长的信任，与家长一起寻找解决之道。当全体任课教师与家庭成员，乃至全班同学形成支持圈时，星星就会健康快乐地成长。

（本案例提供者：江苏省吴江实验小学教育集团　徐　梅）

案例五

走出小黑屋
——有躯体症状的拒学女生咨询个案

一、来访者基本信息

1. 个人基本信息

小沐（化名），13岁女孩，皮肤白皙，身材高挑。父母希望她初中能升入重点校，升六年级时将她转入一所民办学校，开始寄宿生活。六年级下半学期开始，小沐断断续续出现胃疼、头晕等躯体症状，无法正常上学。四月中旬她办理退学手续，转回公办学校，但每天只上半天课。六月中旬开始，她拒绝上学，在家休息，以睡觉、画画为主，情绪易激惹。家长多次带她去医院检查，结果都显示身体无器质性病变。九月开学，小沐重读六年级，上学后肚子疼痛复发，后休学宅家。

2. 主要家庭成员及关系

小沐的妈妈是大专学历，独生女，家境富裕。她的爸爸是一名教师，夫妻关系良好。小沐有一个弟弟，小她七岁，读一年级，在班里当班长。小沐随妈妈姓，弟弟随爸爸姓。据妈妈反映，小沐十岁左右，由于学业不理想，爸爸感觉很没面子，经常打骂她，弟弟也时常学着大人的模样，指责姐姐。小沐从出生至小学五年级，奶奶都是生活方面的主要看护者，她对小沐生活方面照顾周全，但偶尔也会指责。

3. 个人成长过程中的重要事件

小沐爸爸对她学业方面要求严格。小班时，爸爸教她认读扑克牌上的数字与英文字母，小沐读不出，爸爸很生气，骂她蠢。爸爸还关掉灯，将她一个人锁在小屋里，让她好好想想怎么记住数字与字母。漆黑的屋里，尽管小沐大声哭喊"我害怕，我要出去……"，妈妈与奶奶也没有帮她。

三年级时，小沐和班内一个男生发生肢体冲突，打了男生一巴掌。做教师的爸爸直接冲进教室，当着全班同学的面，打了小沐一巴掌。四年级时，小沐去补习语文，有次老师反馈小沐开小差，爸爸听后当场踹了小沐一脚，回家还拿苍蝇拍打小沐的头部和背部。当时小沐呈木僵状站着，不哭也不说话。

六年级寄宿后，由于小沐学业成绩不够出色，在宿舍内被下铺的女生排挤过，当小沐向妈妈求助时，妈妈让她忍一下。她目睹邻桌男生用美工刀在手腕上自残，很害怕，向爸爸求助，问是否要告诉老师，而爸爸让她不要去管，不要去看，更不能告诉老师此事件。

4. 来访原因

小沐进入民办学校就读六年级一周后，在考试当天有躯体反应，出现了肚子痛的情况。六年级下学期开学后，第一天到校上课时，小沐感觉肚子疼得厉害，后请假住院一周。出院后，小沐反复出现胃痛情况。不久她办理退学手续，转回公办学校就读。临近期末考试，她肚子疼痛复发，没有参加期末考试。暑假期间，她在家休息，肚子不痛。九月开学，她再读六年级，一周后，她拒绝上学。爸爸提议前来咨询，心理教师根据她嗜睡、自觉状态不好、提不起精神、注意力不集中等症状，建议她到专科医院就诊。经医生的评估，小沐的汉密尔顿抑郁量表分数为 11 分，有抑郁症状，医生建议做心理咨询。

5. 咨询信息

起止日期：9月至12月。

咨询时间：每周三中午，每次 50 分钟。

咨询地点：学校心理咨询室。

咨询对象及次数：个别咨询 6 次，系统会谈 6 次。

二、个案概念化

1. 主要问题表现

小沐因胃痛、头晕等多种躯体化表现和恐学而休学在家,情绪易激怒。

2. 问题形成与发展原因

其一,与早年家庭缺乏关注情感表达的客体有关。小沐从小由奶奶照顾,奶奶在生活上对她包办替代,教育方式常是指责。父亲过度关注学业,忽视情感沟通交流。母亲照顾弟弟,对她关注较少。家庭成员缺少情感表达方面的互动,使得小沐无法凝聚出有力量的自我或功能良好的自体。

其二,与父亲使用打骂惩罚方式留下的创伤有关。小沐遭受过父亲对她关小黑屋和当众打一巴掌等惩罚,内心的恐惧和害怕达到极点,出现了分离转换性表现,不哭不说,身体呈木僵状。她习惯用压抑与隐忍应对焦虑与恐惧,没有发展出通过言语表达情绪,合理宣泄情绪等适应能力。

其三,与进入竞争压力大的学习环境有关。小沐六年级转学后,在高期待与高压力的民办学校,学业和人际关系的受挫,让小沐再度感到孤独无依、压抑痛苦,缺乏安全感,小沐出现了躯体症状。因为身体不适而休学,一方面可以掩盖自己学业不理想的事实,免于父母责打,维持自尊;另一方面,回到家庭中,她可以获得父母的关爱,避开人际受挫、教师批评的压力,逃离不会保护自己的发展性困境。

3. 个体及系统干预策略

咨询师在个体辅导中,运用意象对话的方式,陪伴来访者进行矫正性的"小黑屋里创伤情感体验",帮助她释放了压抑的情感,稳定情绪,使躯体症状得到缓解。采用改释和正向资源取向,咨询师鼓励来访者用文字描述自己美好的未来,增强其行动力,助力她提升与整合自我力量。

同时,将家庭视为一个系统,启发来访者家庭找到变化的方向和多种可能性，营造来访者适宜成长的环境，让来访者的症状消除，同时也找到个人成长的方向。

三、咨询方案

1. 理论依据

（1）沙盘游戏疗法：通过沙盘游戏等表达性心理治疗的方式走进他们的内心世界。在沙盘游戏中，学生将无意识的心理内容通过摆放沙具模型的方式表达出来，对其混乱的心理状态加以整合，从而实现心灵的疗愈。

（2）系统式心理疗法：来访者的困境往往来源于长期不良的家庭互动模式。咨询中，将家庭纳入辅导系统，需要扰动的不仅是来访者本人，更需要对其所处的家庭、学校等系统做出改变。当系统改变后，来访者的感受、想法和反应才会改变。

（3）存在主义心理疗法：咨询中的矫正性情感体验和对诸多可能性的探索，能够修复来访者原有的生活体验，拓展新的可能性，增强其自我的力量，帮助来访者发展适宜的自我认同，找回自己的存在感、价值感和感悟人生的积极意义。

2. 咨询目标

近期目标：借助沙盘游戏、OH 卡牌等表达性艺术疗法，引导小沐叙述成长的故事，释放压抑的负性情绪。

中期目标：引导家长理解小沐的想法，营造支持性的成长环境，以支持包容的态度让她去做之前想做的事情；鼓励小沐用语言合理表达自己的需求、情绪；通过冥想放松训练，学会与情绪和平相处，让躯体症状得到缓解。

长期目标：引导小沐为自己暂停休学的时间赋予意义，发现自己在音乐与美术方面的优势；生活中主动尝试，更多地发现自己的能力，勇敢面对生活中的困境。

四、咨询过程

咨询过程及主要技术：

第一阶段：第1—4次

建立关系，收集资料，通过起始沙盘、系统会谈和个别咨询来了解小沐的处境、困难和资源等，与小沐和其家长讨论咨询目标，初步制订辅导计划。咨询师主要运用共情、积极关注、支持、冥想放松等技术，营造小沐与自我内在小孩对话的意象，把被困在小黑屋里的小女孩带出来。

第二阶段：第5—8次

两次个别咨询，仍以处理情绪为主，在她讲述被爸爸或妈妈打骂时的负性事件时，给予她充分的理解和抱持，提升自我接纳度；两次系统会谈，改善她的家庭生态系统，让家长理解小沐躯体症状的意义。

第三阶段：第9—12次

鼓励小沐实施有效行为应对问题，如勇敢表达自己，不愿意做的事学会拒绝，并用语言表述自己的感受与自己压抑的情感；面对"腹痛"这一症状，学会接纳与合作，让情绪稳定；生活中主动尝试，往外探索，相信自己有权利、有能力成为不一样的人，遇阻时用"你觉得做哪些调整有助于自己成长"来进行调整。

第一次　系统会谈加个别咨询

会谈人员：心理教师、小沐及其父母

小沐由父母陪伴前来心理咨询。她皮肤白皙，扎一条马尾辫，带着微笑，主动问好，说话时吐字清晰。父亲主动提及小沐的状况，语速较快，有一定的焦虑。他说着说着，忍不住从坐着的沙发上滑下来蹲在地上紧靠茶几说话。咨询师提醒他不要急，慢慢说，他又坐回沙发继续讲述小沐的情况。小沐则一直在一旁笑眯眯听着。在询问到考试是否会出现胸闷、失眠、手心出汗、呼吸急促、不停上厕所等情况时，她回应"只是感觉肚子痛"。第一次出现肚子痛是六年级第一学期，入学一周进行摸底考试时，她感觉肚子有点痛，但趴在桌上休息一下就没事了，能继续考完试，但最近越来越频繁了。

在访谈的二十分钟里，母亲多次指责爸爸对小沐的教育过于严厉。小沐听后低下头，眼圈红红的。

鉴于小沐话语较少，离咨询结束还有三十分钟时，咨询师建议小沐到沙盘游戏室做沙盘，父母在咨询室等待。

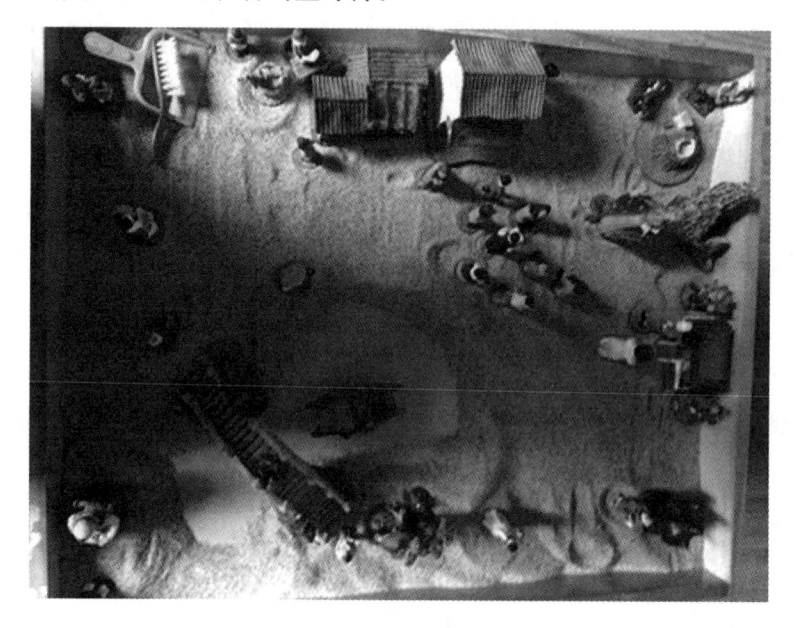

图 1 初始沙盘

咨询师：你在哪里？

小沐：我不在。

咨询师：在沙盘中，你最喜欢的是哪一处呢？

小沐：厨师做的美食，与一个游人站在亭子前欣赏美景的画面。

咨询师：你喜欢做美食？

小沐：我最大的乐趣是享受美食，然后与家人一起出游。

小沐主动提及，宅家时饮食正常，与家人互动良好。

沙盘中有两个场景，都是与学习有关，但每个场景都有一个捂着耳朵的人，或蹲或站，很可能是小沐当下处境的真实写照。

关于一人跪拜菩萨的部分，小沐说，奶奶多次带她去庙里烧香拜佛，想通过神力来拯救孙女，医好腹痛。奶奶对孙女从民办学校休学回家的事特别不能接受，面对亲朋好友的询问，感觉非常难堪，曾经指责小沐装病，不想去上学。

沙盘中的一个水池，一座桥，一艘船，似乎象征着小沐其实非常要强，想要远航，但小池子没有通往外界的水道，她被困住了。小沐内心要求上进的超我和被挫败后退行的本我之间冲突激烈，而脆弱恐惧的自我无法支持她继续在校学习，因此只能退困家中，内心承受着巨大的压力和自我谴责，找不到问题解决之道。

第二次　个别咨询

小沐看到沙盘室的桌上有一盒 OH 卡牌，感觉很好奇，想尝试玩一下。

咨询师拿出卡牌，并告诉她这副牌很神奇，当使用者用心去洗牌抽牌时，牌面所反馈的内容往往与使用者的想法是一致的。咨询师手把手教她洗牌后，小沐将牌摊成一字形，抽到"改变"和"红绿灯"的牌。

咨询师：你主动前来求助，是你想要改变自己的信号，因为当前的自己你很不认同，所以在第一次沙盘中没有出现自己，对吗？

小沐：对，我不喜欢现在的自己。

咨询师：当你看到这个红绿灯的画面时，我很想知道，你觉得自己正处于哪个状态呢？

小沐：黄灯，处于等待的状态。我也想去远方，GO！

咨询师：发生了什么，导致你停下来？

小沐：我害怕被爸爸打。

咨询师：爸爸打过你吗？从什么时候起的？你印象最深刻的是哪一次呢？

在聊到爸爸与妈妈在她成长过程中的严厉教育时，小沐的眼泪扑簌扑簌地流了下来，咨询师在一旁默默陪伴。

咨询师：小沐，你的爸爸妈妈平常有体罚你吗？有拿尺子打你的手心，还是会有更加严重的？

小沐：小时候，爸爸非常严厉，我每次害怕的时候，其实脑海里常闪现出一幅可怕的画面。

咨询师：画面中有什么呢？

小沐：有一间小黑屋。

咨询师：小黑屋里有什么呢？

小沐：有一张高高的桌子，桌子上面有一些扑克牌。我当时是读幼儿园，是小班还是中班，我忘记了。

咨询师：你能看到那个小女孩吗？她有着什么样的头发？

小沐：剪了一个蘑菇头。

咨询师：还看到什么？

小沐：穿了一件黄色的绒线衣，然后爸爸让我练习读扑克牌上的数字，还有英文字母。我有的时候读不出来，爸爸就很生气，一把把我抱到桌子上，然后把灯关掉，关门走了！我哭了，我很害怕，但是没有人来帮我。我就开始撕桌子上的餐巾纸，撕成细细的一条、一条……小沐边说，边闭着眼睛哭。

咨询师：嗯，我仿佛也看到了那个很孤独、很无助的女孩。她还很小，剪着童花头，穿着黄色的绒线衣，两条腿在晃动，坐在桌子上的她是多么的弱小，多么的恐惧、无助。房间里很黑，她不敢动，担心会摔下去！她真的很害怕、很无助。不过，好像撕纸，真的有让她感觉好一点，是吗？而且没有贸然跳下来，也确实保护到了自己，是吗？

小沐点点头，眼泪不停地流着。咨询师继续使用深度共情的支持性技术，为小沐提供"客体母亲"和"环境母亲"的抱持，帮助小沐从想象中回到当时的场景，比较充分地宣泄内心的恐惧、无助、不知所措。

当小沐情绪平复下来时，咨询师再次引导她慢慢放松，然后尝试着让她与内在的那个小黑屋里的小女孩进行对话：你是那么的小，我看到你了！你是那么的孤单，可是你很勇敢，你没有掉下去，你没有跳下来，因为你已经会懂得保护自己，你也懂得情绪的宣泄。我想，这已经是当时那个你能够做的最好的保护自己的方法了。

小沐跟随着咨询师，重述咨询师的话，与内在的小孩子进行对话。咨询师不断地肯定与支持她，让她内在的力量慢慢升聚。

几次以后，咨询师尝试问：你愿意把这个孩子带出来吗？

小沐摇头拒绝。

咨询师：哦，你的力量还不够，没有关系。来，孩子，我陪着你，拉住我的手，我们一起把那个小女孩带出小黑屋好吗？

小沐：好，我试试吧。

几次意象对话后，小沐的情绪渐渐平复，内心似乎有力量了，她睁开眼睛后，整个人瘫在沙发上。

咨询师注视她许久，发现她没有回避后，身子向前倾，拍拍她的手背说："孩子，你过得很辛苦，老师看到了。"

小沐泪眼蒙眬地看看咨询师。

随后，咨询师与小沐协商家庭作业：

1. 在每天睡前或抽空，寻找一个不被打扰的地方，进行冥想放松，练习"与内在小孩对话"。

2. 过有规律的生活，每天上午坚持去学校上学，下午在家午睡后运动一个小时，有助于睡眠，也有助于改善情绪。

第三次　系统会谈

会谈人员：心理教师、小沐及其父母

本次咨询通过小沐的父母，了解小沐最近一周的表现，去学校上学情况如何，情绪是否稳定等；收集小沐的成长史，包括同伴关系、师生关系、学业状况和健康状况等；与父母交流咨询师对小沐状况的理解；提升父母作为好客体的功能。

会谈过程中，小沐表示自己是在爸爸的"打压"下变得"优秀"，才得以面试成功进入民办学校的六年级重点班。入学后，很快被学霸型的同学给比下去了，学习氛围压抑，努力后学业成绩仍不够理想，课间大家都在各自做作业，同伴间缺少交流，感到压力很大，情绪低落，时常因肚子痛请假，学业成绩下降。期中成绩低于班级均分，从班主任的个别谈话中，她感受到班主任不希望自己"拖班级的后腿"，非常沮丧。渐渐地，小沐越来越害怕上学，而身体不适为小沐的不能上学提供了一个比较合理的理由，一方面可以避开压力情境，免遭父母的呵斥责打，另一方面还能得到父母的关心呵护。

转学至公办学校后，小沐的学业压力得到了部分缓解，但人际交往中，缺乏自我保护能力和基本的社交能力，使得小沐依然害怕去上学。

心理教师指出小沐的症状背后是家庭互动模式出现了问题，父母表示愿意做出改变，好好陪伴孩子成长。心理教师也肯定了父母对孩子的爱是真实的，但有时用力过猛，或用错方式。

在上一次咨询后，小沐上午能够坚持上学，下午宅家休息，生活比较规律。午睡两个小时左右，在妈妈的陪护下在家附近，边逛边聊，或静静地画画、阅读等。父母对小沐不再如以往那么焦虑地催促与指责，努力给她营造适宜成长的环境。

第四次 个别咨询

前半段是谈话咨询，后半段是沙盘咨询。

谈话咨询片段：

咨询师：小沐，我很想知道，你重读六年级，这是谁的决定呢？

小沐：读六年级，有百分之六十是父母的决定，百分之四十是自己的决定。是我愿意停下来的。如果升入初一，我担心跟不上。因为六年级下半学期，上课断断续续，有许多的知识点是落下的。现在先跟读半年，相对轻松。

咨询师：你对当下的学习环境有什么体验呢？

小沐：轻松，感觉被接纳。下课可以聊聊天，学业也跟得上，很开心的。

咨询师：那你在重点班就读时，情绪的体验是怎样的呢？

小沐：唉。

咨询师：这个"唉"，很复杂，你能具体谈谈吗？

小沐：不想回忆。

咨询师：嗯，太痛苦了，很抗拒，不想回忆，所以把情感都压抑在身体里。你的身体知道答案，给了你反馈，生病，不能上学了。

小沐：其实，我有时会蒙在被子里哭，特别是离家寄宿的时候。六年级之前，我都不想哭的，父母为了学业打我，我都像个木头人似的。

咨询师：父母一直打骂你吗？

小沐：对，不过最近没有了。他们是有些偏心的，他们偏爱弟弟多一点。最近一周，弟弟又拿了我的文具，我有点难过，与父母提及，他们总是说，弟弟还小，要让着点，要大方，我很不舒服。

咨询师：我能感受到你的不舒服。你有自己的物权意识，下次如果再出现这种情况，你会如何与家长沟通呢？

咨询师与小沐一起探讨和练习沟通的技巧。

在沟通十分钟后，她提议要做沙盘体验一番。

沙盘名称：平凡。

沙盘里呈现猛虎与豹子，但小沐能用两层栅栏将它们阻隔在里面。这份恐惧，象征着她潜藏在心中对过往经历的害怕。沙盘中，仍有小船、桥出现。小沐把沙子清理了，在沙盘中间开凿了河道，小船驶向远方。她个人也反馈，自从学会晚上冥想放松，遇到事情，觉察有情绪时，学会用言语主动表达自己的期待与情感，不再像以往那样，压抑自己。每天睡觉前做"蝴蝶拍"放松，回想一天的经历，写日记，身心感觉轻松许多，不再像以往那样紧绷，睡觉也安稳些了。

图 2　第四次咨询沙盘作品

第五次　个别咨询

咨询师：这一周过得怎么样？

小沐：不好，发生了一些事情。周一，我有些感冒，还正好生理期，加上胃有点疼痛，没去学校。看电视超过了两个小时，奶奶就开始说教。晚上，我要洗澡时，奶奶还跟进卫生间说我洗不干净，要指导我洗，我很生气，顶撞了她几句。等我洗完澡出来后，她喊来爷爷一起指责我，这还不算，她又喊来爸爸，爸爸情绪上来，就冲着我说："滚回房间去，好好反省，现在越来越不像样子了！"当时爸爸话很多，我也不在乎，只知道哭。第二天早上，好不容易胃不痛了，爸爸又开始讽刺我。不过，以前他会动手打我，这次没打。

咨询师：愿意和我具体说说爸爸过往打你的事件吗？描述细节、身体的感受、情绪的体验,允许把压抑的情绪释放出来,好吗?

小沐:记得是四年级,好像是快要吃中饭的时候。夏天,我穿着短袖,去语文老师家补课。老师向爸爸告状,大致的内容可能就是上课听得不够专心,作业方面写得不太好。从老师家回到汽车里,还没有到车门前的时候,爸爸用脚踹在我的腿上,是很疼的,但是我忍着,当时在汽车里,还是很害怕的。如果我反抗的话,爸爸会打得更厉害。当时爸爸的表情是愤怒的,话也没说。回到家以后,刚走到楼梯口,他就用苍蝇拍打我。当时,奶奶听见我的哭声,帮我挡了两三下。

咨询师:小沐,你当时为什么不跑呢?

小沐:爸爸会追,所以也不敢跑,我就哭。爸爸说哭好了,你的眼泪是不值钱的,我不会因为你哭而心软的!

咨询师:你当时在汽车里呢,哭吗?

小沐:也没有想过要哭。印象最深的是苍蝇拍的一个角被打裂了,那是夏天,我穿着短袖。

咨询师:小沐,我想当时的你身上很痛,心里也很害怕,你受苦了!

小沐:还有我念中班的时候。爸爸让我去学不喜欢的钢琴,很累的。爸爸说已经报名了,因为能娴熟地弹钢琴是爸爸小时候的梦想,我觉得我在背负着他的梦想,我抗拒去学,为此被打过无数次。特别是五级考到八级时,每天都要练五个小时以上,很痛苦的。我印象最深的一次,我不愿意弹,然后对爸爸说,"我要走",爸爸说,"你走好了"。当我走到门口的时候,爸爸直接把钢琴盖上的曲谱书朝我的头扔过来,随后把我的头使劲摁在墙上,我很害怕,不知道下一秒会发生什么,我的头很疼。

平复情绪后,咨询师尝试着让她冥想放松,学会与自己的身体对话。当情绪来临,身体有反应时,它是提醒自己的信号,要接纳它,可以学着用挤柠檬的方式进行肌肉放松,或者转移注意力,通过喝水等方式进行情绪的调整。

离咨询结束还有十分钟左右，小沐提议说玩 OH 卡牌。当时抽到的是"权力游戏"。小沐看着"权力游戏"几个字后，笑了一下，回应说家里的确在管理自己方面玩权力游戏。

咨询时间到了后，咨询师让她回去思考："权力游戏"让她想到了什么？家里哪些方面更能体现出"权力之争"？

第六次　系统会谈

会谈人员：心理教师、小沐及其父母

父亲反馈，咨询一个多月了，小沐肚子痛频率下降，虽然昨晚又出现肚子痛，但不像之前那样厉害，也没去医院挂水。

心理教师对父亲进行心理教育，告之粗暴型的家教方式对小沐的伤害，并向他们讲述小沐在小黑屋里的创伤记忆。

母亲说她小时候也有被关小黑屋的体验，现在过了这么多年，还是记得那件事。

心理教师追问：那小沐被关小黑屋时，她在里面哭喊，你为什么不帮助她呢？

母亲：我如果把小沐抱出来，她爸爸可能会打得更厉害。相比打而言，我想关小黑屋，身体不会疼痛。

心理教师把目光转向父亲。交谈中了解到，父亲会如此粗暴地打小沐，是因为他的童年也是被母亲一路打过来的，心中只有一个念头：早点逃离家乡。父亲家境贫穷，兄弟多，他的母亲认为凡事都可以用棍子解决，他曾被母亲在腰部踹过一脚后滚了很远。为了早日出人头地，学习特别努力，他的理念是"只要花时间去学，肯定有收获！小孩子要打的，打了才能成材"。他突然明白小时候被母亲毒打时那种痛苦与怨恨，恐怕就是女儿现在的感受。他小时候有多么恨母亲，现在女儿就有多么恨自己，这种共情式的理解让他泪流满面。他想抱住小沐抚慰，但被小沐拒绝。

父亲：老师，我愿意写下保证书，从今往后，我不再打小沐了！我不想小沐以后重复走我的路！他流着泪，起身弯腰向小沐真诚认错。小沐母亲眼角流出泪水，小沐更是泪流满面，这次的泪不再是苦涩的，它唤醒了父爱。

第七次　系统会谈

会谈人员：心理教师、小沐及其妈妈和奶奶

奶奶对小沐从民办学校重点班休学的事件一直耿耿于怀，有羞耻感。每当看到孙女下午在家，会冷不丁唠叨几句，言语冲突后，她会搬救兵来镇压小沐，加重小沐的情绪困扰，所以心理教师请奶奶一起参与会谈。

心理教师积极肯定奶奶对小沐的照顾。从小沐的沙盘中也反映出奶奶去寺庙求神保佑一事，心理教师安慰奶奶，不必过于担心或有羞耻感，小沐只是暂时性休学调整，而不是出现精神方面的错乱问题，如有街坊询问，可以大方地告诉他们，孩子不适应学校生活压力，所以转回本地上学。当家里人都能大方地谈论此事时，小沐也会放松，不会有难过、自责与愧疚，为离开之前的重点班而产生一些负面想法。

心理教师建议在家庭教养方式上，一家人都往后退一步，问一下小沐"你想要什么，我能帮你做什么？"引导她去思考，唤醒她主动对生命的思考。因为小沐已经进入青春期，处于依赖与独立的矛盾挣扎中，当家里人对她的管教适度松手，不再对她指责与批评时，能让她安心下来，反而会有进步。家里的长辈对小沐有个权威期待，之前小沐从他们的镜子中看到一个"糟糕的自己"，然后需要家长们鞭策与打骂。如果家里长辈对小沐有一个正向的反馈——"你可以做到的，我们相信你！慢慢来！"就会与小沐的自我期待形成合力，激发她内在前行的动力。

此次会谈中，小沐提议要饲养小兔子，这是她一直以来的梦想，但每次都遭到奶奶与母亲的反对。小沐主动提出帮助母亲做家务事，换取报酬，为小兔购饲料。考虑到饲养宠物可以调节情绪，会谈结束后，全家一致支持她的提议。

第八次　个别咨询

小沐：我的压力一部分来自爸爸，他的老师身份令我感到害怕。他了解我的情况，包括在校的人际互动、考试成绩，所有的一切，感觉自己像个透明人一样，没有任何隐私。

咨询师：我能感受到你在校的拘束。这次来咨询，我服务的对象是你，而非你爸爸，他的手没有那么长，因为咨询有一个原则——保密，尊重来访者的意愿，所以你不必担心。

小沐听了点点头。咨询师再次重申保密的原则，让她从内心深处感受到一份安全感。

咨询师：你最近有什么困扰吗？

小沐：上周日，我素描考级，回来已经五点钟，很累。我跟妈妈分享自己考级的事情，这时弟弟过来说话，不停地打断我们，但是我和妈妈两个人谈得很开心，没有理会。弟弟就拖动凳子发出嘎吱嘎吱的声音，很刺耳，我让他停，但他不听，我有些愤怒，就用手臂抱住他，不让他动，他就大声哭喊挣扎。妈妈觉得很烦、很生气，大声说要把我们两个人全部都扔到河里面去。当时，我觉得很难受。因为这让我想起我生病的时候，妈妈对我说：你怎么不去死啊？

咨询师：你说，当妈妈说把你们两个扔进河里时，你脑海里闪现的是你生病时，妈妈对你说的话？

小沐：对，她说："你怎么不去死，你怎么不从楼上跳下去，我陪你从楼上跳下去死掉算了……"

小沐说着，眼泪哗哗流着。

咨询师：小沐，我一直在你的身边，你想哭就哭。我想，当你生病时，听到妈妈这样的话，真的很难过。

咨询师：你希望妈妈怎么做呢？

小沐：什么也不要说，就这样默默地陪着我好了。

小沐泪流满面，咨询师默默地陪伴着她。

小沐：我六月份提出去看心理医生，爸爸妈妈都很反对，还说我活蹦乱跳的样子，看什么心理医生，就是在装。后来，九月份才见到你。我现在情绪稳定，胃已经不痛了。当有情绪时，我会有觉察，我会与自己的身体对话，然后学会深呼吸，我还会去卫生间洗脸或去喝水放松……

咨询师充分肯定了她情绪管理的方法，能觉察身体反应，学会表达并通过行动去调整。

第九次　个别咨询

咨询师：回顾一周，感觉自己在哪些方面有进步？

小沐：我开始过一种有规律的生活。每天上午坚持按时去学校上课，坦然面对同学们的好奇询问，不再像之前那样顾虑重重，逃避或担心同伴的询问。下午睡一个半小时后，开始运动、阅读、陪陪小动物、画画素描……有将近两个月没有出现胃痛的躯体症状。

咨询师：还有吗？

小沐：遇到事情时，我学会用言语主动表达自己的期待与情感。比如最近一次，与一个闺蜜在微信聊天时，发生冲突，我有些生气，如果是以往，我会忍耐，但这次在微信上我直接告诉对方："你说这样的话，我会生气的，你伤害了我！"后来，对方给我发来一个表示道歉的表情，我感觉内心舒服多了。

小沐与咨询师的关系稳定，家长也积极配合，他们决定给女儿松绑。她内在的力量开始萌发，往外探索，去做之前想做又不敢去做的事情。她爱饲养小动物，最近收养了一条狗，起名"球球"，每天定时给它放风喂食；她学会自己做可口的饭菜，换着花样学做蛋炒饭……

第十次　个别咨询

小沐用将近15分钟的时间与咨询师分享饲养小动物的收获。她曾想把小狗的名字取为"蛋白"，因为兔子叫"蛋黄"。咨询师戏谑地称她为"蛋妈妈",并告诉她,一个蛋,如果从外而入,是破坏;如果从里面破壳而出,那是新生。她听后,频频点头,回应说,自己也在尝试新生,做之前因为没有时间或害怕而没有做的事,尝试后,发现自己信心满满,很充实。

在谈到因为小兔子太臭,被寄放在黑乎乎的地下室时,她发现小兔子在笼子里缩成一团,很害怕。她把自己的手伸进笼子里,轻轻抚摸它,小兔子蜷缩在她的手里,小沐感受到自己的力量是强大的,把它们带到自己的生活中,所以要悉心照料它们。

离咨询结束还有三十五分钟时,小沐提议要做沙盘。

图3 第十次咨询沙盘

沙盘名为"温馨"。

有两座岛屿,一艘小船在行驶。

小船在沙盘中累计出现四次,河流也是四次,只不过,此次河道比之前的宽,她说从家门出发,她的小船可以划得很远。

河道变宽,说明她的生命能量在增强;一家四口温馨的画面,象征着她当下的家庭氛围也是其乐融融的。

第十一次　系统会谈

会谈人员：心理教师、小沐及其父母

爸爸反馈，近一周，小沐情绪稳定，躯体症状消失，能坚持上一天课，晚上睡眠状态良好。前天晚上，小沐说弟弟向她竖起中指，做鄙视的动作惹毛了她，她以姐姐的身份教训他，但弟弟逃到了爷爷怀里。爷爷想做老好人，说弟弟还小，这话引发了她更大的怒火。因为她心中始终觉得一家人对弟弟与对她的教育方式截然不同，让她愤愤不平。

心理教师：小沐，你能罗列一下生活中，父母对你与弟弟有哪些教育要求不一样，让你感到不舒服吗？

小沐用纸笔罗列以下的四条：

（1）弟弟做鄙视的动作，对人没有礼貌，见人不打招呼，而自己小时候被爸爸强迫与人打招呼。

（2）吃饭时，饭粒掉一地，爸爸没有批评弟弟，回想自己小时候掉饭粒被爸爸打骂，感觉教育不公平。

（3）弟弟一年级考试低于90分，爸爸居然只是鼓励他，而不是打骂。

（4）坐车不系安全带，她反复警告弟弟无效，很气愤，感觉爸爸宠爱弟弟，甚至不顾他的安全。

心理教师问小沐爸妈：听了小沐所说，你们怎么看的？

妈妈：弟弟的确没有小沐有礼貌，这点我也承认。以后需要让弟弟向姐姐学习。

爸爸：我承认，小沐说得对，的确两个孩子教育方式有点不一样。她是老大，我当时年轻，碍于面子，对她的要求较高。我也认同，对弟弟有些方面没那么严格。

心理教师问小沐：听了爸爸妈妈这番话，你怎么想？

小沐：之前一直藏在心底不敢表露，今天说了，也轻松许多，希望他们说到能做到！这对弟弟的成长也是有帮助的。

第十二次　系统会谈

会谈人员：心理教师、小沐及其父母

爸爸反馈上周的生活与学习状况，并认可小沐制定的自律表的执行能力。

妈妈反馈小沐能独立照顾自己养的小宠物，特别是小兔子，能换臭烘烘的护垫，能喂食，所以奶奶也支持她。

小沐说了自己的梦想，想考音乐专业，成为一个音乐老师。她觉得自己在钢琴方面有基础，现在利用空余时间学吉他，能登台表演。

小沐成长的环境也改善了。父母降低对她的期待，更多时会鼓励她："你想做什么，尽力就好，那是你的事，我们尊重你的选择，并始终守护你！成为你自己而不是我们之前所期待的优秀女儿。"

结束前，小沐想和心理教师拥抱一下，在拥抱时悄悄告诉心理教师，她要在下周全校运动会开幕式上，抱着吉他自弹自唱《隐形的翅膀》。

五、咨询效果与反思

（一）咨询效果

咨询前，妈妈感觉陪伴小沐是在受折磨。咨询两个月后，妈妈反馈小沐对身边的人和事上心了，如妈妈帮她拿了东西，她会说谢谢妈妈，妈妈吃完饭，她帮忙收拾碗筷，还能主动帮家人剥柚子等。这些事儿都是不经意间做的，家人也感受到她的"暖"。

半年后，爸爸来电反馈，小沐能全天上学，七个月没有腹痛过。期中考试之前有过一次英语测试，她回家就说考得不好，家长尽力安抚说："没关系，分数咱们从此不当回事儿，努力就好！"于是小沐周末在网上开了个"自习教室"，与两个同学一起主动复习英语，期中考试成绩在班内名列前茅。她心中有目标，所以遇到困难也会寻找策略去解决，而不是回避或退缩。

(二) 咨询反思

1. 对咨询目标的思考与分析

本案是一次长程咨询，咨询师在建立好关系后，通过温暖抱持的方式，为来访者创造出优化的心理氛围，因此咨询目标达成度高。

其一，借助表达性艺术疗法，引导小沐叙述成长的故事，释放压抑的负性情绪，用语言合理表达自己的需求和情绪；同时在冥想放松时，学会与情绪和平相处，让躯体症状得到缓解。

其二，家长也为她营造支持性的成长环境，支持小沐去做她之前想做但得不到他们支持的事情。如买了吉他、报了吉他班，养小动物，让她自己安排一天的学习、生活，激发她对生活的主动性。

2. 对咨询过程及技术的思考分析

（1）建立一个支持性环境。咨询师通过温暖抱持的方式，为来访者创造支持性的环境，让来访者的痛苦被看见、被言说，疗愈开始。面对小沐"小黑屋里创伤情感体验"，咨询师陪着她一起走进小黑屋，让她有一种矫正性的情感体验，潜意识的内容意识化，助力她自我力量的提升与整合。

（2）应用适切的表达性辅导技术。咨询师通过沙盘表达性艺术疗法为来访者创造了优化的心理氛围，带领来访者表达自我，整合自我。在来访者成长的路上，没有遇到抱持她的家长与老师，没有一个抱持的容器，允许她的活力在这个容器内自由肆意流动，让她自我的力量及自我组织能力得到提升。在积压太多的情绪后，她的身体启动防御机制——"我嘴上不能说'不'，但是我的身体是可以说的！"初始沙盘，"我不在里面"便可以看出来。但在接下来的沙盘中，她开始呈现自己对食物的喜欢，这也是她缓解压力、进行自我补偿的方式；在随后的三次沙盘中，小沐用小船表达自我，从当初困在水池里搁浅，到小船驶向河道，再到第十次沙盘咨询时，她说她生命的小船从家门出发，可以划得很远。

（3）应用系统合作进行有效干预。十二次咨询中，系统会谈共六次。通过对家庭系统进行优化，让系统生态环境发生变化，促进小沐的自我发展。父母改变对小沐的期待，让她能自主追求梦想，学会往外探索；奶奶学会放手，让小沐学会生活自理，并允许她饲养小动物，让她内在的小孩得到满足。

3. 督导后的思考

经过督导师的督导，本案例有两个方面需要改进：

（1）沙盘方面，作品的拍摄技巧要提升。拍全景时，沙盘框的四条边要全部拍进去；来访者玩沙盘游戏的时间随意性大，有时是三十分钟，有时是三十五分钟，在尊重来访者想玩沙盘意愿的前提下，尽量做到每次玩沙盘的时间固定，稳定的设置也对来访者有所帮助。

（2）在家庭系统会谈时，重点矫正了奶奶与爸爸的教养方式，但妈妈在陪伴小沐成长过程中，也有对小沐的不安全型依恋，咨询师没有对妈妈的教养模式作深入指导。早期妈妈对小沐的情感方面的养育是被忽视的，特别是0至6岁，是人格形成的基础。

（本案例提供者：江苏省吴江区平望实验小学　朱慧珍）

案例六

打造属于自己的心灵花园
——捣蛋女孩咨询个案

一、来访者基本信息

1. 个人基本信息

小鹿（化名），女，12岁，首次来访时为六年级在读学生。高高瘦瘦的她，穿着整齐的校服，腕上的手表和脚上的运动鞋看上去都价值不菲。她极力想表现出礼貌的样子，但又按捺不住东张西望，眼神会忽而闪过一丝惊慌。在校期间，小鹿经常做一些偷拿同学零花钱等违规行为，是班主任眼中的"捣蛋鬼"。

2. 主要家庭成员及关系

小鹿平时与父母、4岁的弟弟以及外婆一同生活。父亲经常在外工作，忙生意、应酬多；母亲是事业单位的工作人员。小鹿儿时多由母亲和外婆抚养，父亲提供经济支撑。自从弟弟出生后，母亲的精力更多地放在弟弟身上。父亲、外婆常常以"你是姐姐"的话语来管教和要求小鹿。母亲考虑到小鹿可能因为弟弟的出生而产生一些负面情绪，常常言语上引导和关心小鹿，但精力上始终无法兼顾。

3. 个人成长过程中的重要事件

弟弟出生前，小鹿是家中的独生女，受到全家人的关注和爱护。进入学龄，爸爸的教养方式比较简单粗暴，高兴的时候就用零花钱和物质奖励来满足小鹿，而在她犯错时就对其厉声呵斥。面对爸爸，小鹿多以服从来规避惩罚，以讨好来获得利益。妈妈一方面并不认同爸爸的教养方式，另一方面有碍于夫妻情份，只能事后再对小鹿进行言语安慰和引导。但这种"循循善诱"收效甚微，小鹿常常在妈妈面前态度嚣张、脾气火爆。

8岁时，小鹿的家庭进入了二胎时代。爸爸和外婆常常以"你是姐姐"为由，对小鹿提较高的要求，小鹿受到的批评指责一下子多了起来。据小鹿妈妈回忆，小鹿时常在妈妈照顾弟弟的时候问"我小的时候你也是这样照顾我的吗"。

弟弟出生后不久的一天，小鹿偷拿了外婆钱包里的零钱。由于金额小，外婆简单地批评教育她之后，帮她隐瞒了此事。后来，小鹿又在学校偷窃同学的零花钱，购买零食和充值手机游戏。为此，小鹿被学校给予警告处分。小鹿妈妈认为，小鹿的这一错误行为与她当时的交友有很大关系，她擅自找到了与小鹿打游戏的几个小伙伴及其家长，请她们停止邀请小鹿打游戏。小鹿为此与妈妈大吵一架。之后，小鹿为了重获"友谊"，偷带了一些零食、玩具等"违禁品"进班，并在课上与同学分享，被老师发现后，再次约谈家长。

刚升入六年级的一天，小鹿在班里"忘乎所以"地与同学大肆议论老师，用不雅的词语给班主任起绰号。班主任听见后，随即电话告知小鹿妈妈。当晚，小鹿妈妈带着小鹿去给班主任道歉，但被班主任拒绝了，小鹿为此惊慌不已。

4. 来访原因

小鹿因辱骂班主任被批评，在向班主任当面道歉不成功之后，内心感到很慌张。于是，小鹿主动预约咨询，想消除内心的疑虑和不平静的情绪。

二、个案概念化

1. 主要问题表现

小鹿的几次犯错，都带有明显的利己动机，且是非观不明，大多属品行方面的问题。咨询过程中，小鹿主观描述的负面情绪体验都受到相关事件的诱发，其内心冲突具有明显的现实意义。小鹿遭遇负面心理情绪持续时间未超过半个月，对正常的人际交往、学习等社会功能影响较小。她自知力完好，有主动咨询的欲望。

2. 问题的形成与发展原因

纵观小鹿的成长史，心理咨询师并未发现婴幼儿时期，在小鹿抚养关系上有明显问题或缺失。八年的独女身份和长辈的过度关注，小鹿容易形成以自我为中心的性格特点；尤其在习惯了"衣来伸手饭来张口"的生活模式后，一旦遇到同伴相处的不如意或外部世界的无法满足，容易出现心理冲突。

学龄期，父母教养态度上的不一致和教育行为上的明显差异干扰了小鹿正常的品行养成和发展，小鹿容易出现依据不同对象的期待和要求来调整自己言行的现象，也就是两面派。此时的家庭教育忽视了小鹿在这个阶段成长发展所需要面临的众多挑战。一方面她需要顺应家长对她"姐姐"身份的期待来获取在家的安全地位，另一方面她试图用妈妈的肯定来平衡内心对"母（父）爱减少"的恐慌。

尤其需要关注的是，小鹿最初的偷窃行为出现在弟弟出生之后，父亲的物质奖励和母亲的精神抚慰被弟弟分走一半，小鹿用偷窃的钱财购买零食作为补偿；被发现后，小鹿并未受到严厉的批评和教育，这个"甜头"助长了小鹿试错的胆量。从最初的"心理补偿"动机逐渐演变成"利己"动机，小鹿经历了一个发展的过程。一方面是家庭环境中的不被关注、不被满足让小鹿对生存和安全感的需求产生恐慌，另一方面长辈们表现出来的对弟弟的包容和对自己的严厉让小鹿对依恋和自尊的需求受到威胁。同时，小鹿的自我成长课题也不断推动她去寻找和建立与外部世界的联系，她一边把家庭关系的模式尝试着带入同伴关系中，如讨好、表面顺从等；一边探索更加"利己"的认知和行为模式，如说谎、占为己有等。然而，规则意识、道德观念却没有在这一阶段被正确建立起来。

三、咨询方案

1. 理论依据

（1）认知行为技术

认知行为技术是学校心理咨询师常用的咨询手段之一。依据经典的"认知三角"理论，情绪、行为背后都有明显的认知线索，因此，识别核心思维并进行合理化加工，就可以调整失调功能的情绪和行为，从而帮助来访者解决现实困扰和一些深层次的心理冲突。对于思想单纯和经历简单的青少年学生来说，该技术可以迅速找到他们当前困扰的关键点，配合苏格拉底式辩论话术以及咨询室中的角色扮演、示范练习等方法，便可及时纠正错误想法，找到合理的替代想法，孩子们便可找到解决策略，困扰迎刃而解。

（2）沙盘游戏技术

沙盘游戏，以荣格分析为理论基础，它不仅仅是一种游戏，更是一种可以直探人心的咨询技术。这种非语言的表达形式鼓励来访者进行积极想象，尤其是当来访者在咨询中主动提出想尝试制作沙盘时，便是一个绝佳的契机，这是一个用手触及沙子，用潜意识与沙具对话，用心探索和疗愈自己心灵的旅程。

本案例中，心理咨询师运用认知行为技术帮助小鹿及时处理现实问题及由此引发的心理冲突，又辅以沙盘游戏技术帮助安全感、信任感不强的小鹿放开自我并进行潜意识层面的心灵探索，双管齐下，助她领悟与成长。

2. 咨询目标

近期目标：帮助小鹿梳理近阶段发生的错误行为及在学校、家庭中产生的后果和对自己的影响；理解小鹿错误行为背后的动机和心理需求，帮助小鹿降低犯错的冲动，纠正她的错误行为；增强小鹿与老师、同学、家长继续保持和谐相处关系的信心。

中期目标：鼓励小鹿正确认识和接纳自己，接纳过去犯错误的自己，同时也肯定自身仍保有的积极品质，扬长避短，不断进步。

长期目标：在今后的集体学习生活中，找到遵循规则与保持个性之间的平衡；发展和谐的人际交往能力，提高自我认识的理性意识。

四、咨询过程

(一) 个别咨询工作

1. 首次访谈

来访者第一次走进咨询室的时候就像一只受惊的小鹿，她忽闪的大眼睛不时透露出一丝惊慌。第一次以及之后的几次咨询中，她都是突然大力地敲两下然后推开咨询室的门，闯入咨询室，又突然退回门口，询问是否是她的咨询时间。从她急促的呼吸声中，不难猜测，她是匆匆忙忙跑着来到咨询室的。在得到了肯定的答案之后，小鹿像是松了一口气，拖着脚步、东张西望地走进来，然后重重地坐在沙发上。看到茶几上放着的白纸和签字笔，小鹿伸长了脖子但小声而快速地问："老师，能不记录吗？"咨询师觉察到了小鹿的小心翼翼，同时又感受到她想倾诉的渴望。"好的，那就不记录。"咨询师肯定地回答。

在咨询师说明了学校心理咨询的工作设置、流程、保密原则等一系列咨询框架之后，小鹿开始陈述自己的遭遇和内心的不平静。咨询师认真倾听，真诚共情，积极关注，努力建立与小鹿的咨访关系。

2. 针对几次犯错事件的个体访谈（第2—3次、第7—8次）

小鹿的几个犯错事件对她影响很大。咨询师发现，小鹿对于错误本身的认知有严重偏差，对事件结果有不切实际的盲目乐观；当结果与小鹿的期待不符时，小鹿容易出现情绪和行为上的失控。

咨询师：可以具体说说，发生了什么吗？

小鹿：我说脏话了……我可以不说那个词么？（咨询师点头）我用那个词说我们班主任，不巧他正好走进来，就听到了。但是，这就是个口头禅，大家都这么说，就是个乐子。老师不听我解释，直接就打电话告诉家长了。（小鹿低下了头）

咨询师：听上去，这里面好像有些误会。

小鹿：是的。同学们平时都这么开玩笑的，别人也这么说的，只是我比较倒霉，正好被班主任听到了。他就抓我一个人！而且，当我妈妈带我去给他赔礼道歉时，班主任说他不需要道歉，让我自己回家好好想想。他是不是不原谅我了？

咨询师：你是怎么想的呢？

小鹿：我想道歉，希望班主任原谅我，但我不敢，我也不知道怎么做。

咨询师：你说起这些，好像内心有一些情绪起伏，是吗？

小鹿：是的。

咨询师和小鹿一起使用思维情绪记录表（表1）来分析其内心冲突，并寻求积极的解决策略。

表1 小鹿的思维情绪记录表

情境	引发情绪/强度（0—100）	自动思维
我用脏话形容班主任，被班主任听到了；班主任很生气，当场训斥了我。	委屈/80 不服/80	又不是只有我一个人说，班里很多人都说过，凭什么只批评我。这不公平。
去向班主任道歉，被班主任拒绝了。	害怕/90	班主任不会原谅我了，我完了。

咨询师：如果你突然听到有同学用一些很不好听的言语形容你，你会做何反应？

小鹿：我肯定很生气。

咨询师：你当时是否会问，到底有多少同学如此说过你，然后你一并"算账"？

小鹿：应该不会吧。的确，当时只有我一个人在大声喧哗，并用脏话说他。

......

小鹿的替代性思维随即变为"老师生我的气，批评我，这在情理之中；换成听到有人这么说我，我也会很生气。我这个行为，本身是不对的"。情绪变化中，委屈降为40，不服为0。

咨询师：你当面去向班主任道歉，被班主任拒绝，当时发生了什么？

小鹿：放学的时候，妈妈带我去老师办公室，办公室里有几个老师和学生，也有我们班的同学在跟班主任说话。妈妈把我推进办公室，我说"老师，我来道歉"。班主任看到是我，就直接让我今天回家好好想想，他不需要道歉。然后，我就出来了。

咨询师：让你回家好好想想，他不需要道歉，是不是就等同于老师不原谅你了？

小鹿：我不知道。

咨询师：那我换一句，你对"班主任不会原谅你了""再也不原谅你了"这句话的相信程度有多少？百分之一百吗？

小鹿：（稍稍思考）那倒也没有，百分之四五十吧。我就是怕，怕班主任不肯原谅我。但是，老师应该不会不原谅学生的，是吗？

咨询师：你是怎么认为的呢？

小鹿：我在想，是不是办公室人多，班主任在处理别的同学的问题，没空搭理我。（心理咨询师：嗯）或者，他正在气头上，不想那么快原谅我，让我回家自己反省。（心理咨询师：嗯）

咨询师：按这样子的想法，那你接下来打算怎么做？或者，你能做些什么，去争取老师原谅你？

小鹿：我要写个检讨，然后交给老师，趁办公室没啥人的时候吧，再当面跟他道个歉。然后，平时在班里的表现好一些，希望老师能看到。

……

小鹿的解决策略随即变为"带着检讨书再次向班主任当面认错、道歉，并收敛自己在班级里的言行"，害怕的情绪降为 50 分。之后，小鹿与咨询师讨论了检讨书的书写内容和措辞，并在咨询室中用角色扮演的形式模拟了"当面向老师道歉"的情境，害怕的情绪降为 30 分。

其他的几个事件，心理咨询师也以同样的方式与小鹿展开探讨。小鹿最初形成的一些对事件的不合理评价与期待在一问一答之间渐渐转化，情绪和心态也逐渐调整过来，勇敢面对自己犯过的错误，下决心改掉那些坏毛病，努力修正自己在家、在校的不良行为模式，这是她这个阶段的重要课题。

3. 沙盘游戏

沙盘游戏和个体访谈根据来访者的意愿穿插进行。

沙游咨询一（第 4 次咨询）

沙盘制作：

本次咨询开始，小鹿主动询问沙盘的作用。于是，咨询师带领小鹿走进沙盘区，向其介绍了沙盘、沙具及座位设置，同时介绍了来访者的沙盘制作流程及咨询师的陪伴功能，并询问小鹿是否想做沙盘。她在沙具架附近徘徊了一阵，然后点点头。从这一次开始，小鹿开启了自己的沙盘之旅。

小鹿用右手的食指小心地触碰沙子表面，随后用双手的十个指尖轻轻地拨开沙子，露出蓝色的沙盘底部。"我会坐在这个位置，然后记录和简单画下你的沙盘"，心理咨询师说道。小鹿最先拿起金色的小屋，放在沙盘左上角的高地，接着挖了一条弯弯曲曲、宽窄不一的河流。随后将一座铁索桥放在河面上，若干棵常青树种在金色小屋的周围。用一条金色的龙和一只鲜亮的褐色孔雀内外接应般地守护着这栋小屋。河里有两艘大船，分别往相反的方向驶去。河的对岸是一段破旧的铁路，靠近下方的位置，有一个飞机场。住着五只蓝精灵的村子坐落在金色小屋的对角线上。小屋和村子之间隔着铁路、建筑、飞机场、河流、船只、树林。有趣的是，靠近沙盘的底部，有一只蓝色的小鸟，它好像看着对岸的孔雀。

图 1　沙盘作品（来访者视角）

来访者的言语及非言语表达：

"右边这里的结构不大好，左边的还不错。"做完之后，小鹿这样说。"我应该会呆在左边这里"，小鹿指了指金色小屋，"右边那边我也不知道是什么。"咨询师敏感地捕捉到，这就像在她心中，金色的小屋是一个原本就很熟悉的存在，而河对面的世界她既不熟悉也不在意，只是简单地评价一句"结构不大好"。在现实生活中，小鹿也同样有一块自己无法掌控的阴影区域。"这让你想到了什么？"咨询师追问道。小鹿愣了一下，再一次开始诉说自己的"委屈"：她的言行举止并不被老师、同学和家长所理解，她说"辱骂"老师的行为只是想迎合伙伴们的口味；她的偷窃行为对他人造成了极大的影响；她曾尝试各种方式恢复友谊，但是效果都不明显；受到校级处分后，她意识到这件事真的很严重。

咨询师的感受：

小鹿对于制作沙盘感到既陌生又新奇；这也许是她第一次静下心来自己和自己做工作，她的无意识就如同这河流一般的随意和略显凌乱，她的"自性"正以最原始、最初级的形态，等待着小鹿来探索、来开发。

小鹿似乎想让别人看到自己，看到自己亮闪闪的一面；却又小心翼翼用大树将自己隐藏起来，怕别人看到她不好的部分。金色小屋边上的龙和孔雀是小鹿对现实不认同和不安全感的一种补偿，她的内心希望通过守卫和看护获得安全感和滋养。根据荣格分析理论，龙象征着女性的男性力量，也就是说女生想要进入集体规则，就必须发展自己的独立性，发展自己的阳性力量。而孔雀则象征吉祥与和谐，代表着小鹿潜意识中的需求。正如沙盘的上下两角，小鹿小心翼翼地守护着的那片代表快乐童年、安全依恋关系的地盘，同时也在悄悄打量着右下角那片热闹而有些冒险的新世界。

安全与危险、规整与杂乱，是顺应还是对立，小鹿的内心冲突已然显现，她将在接下来的沙盘之旅中找寻平衡。

沙游咨询二（第5次咨询）

沙盘制作：

这一盘在湿沙中完成。小鹿首先发现了装满雨花石的铁罐子，因为罐子装满了雨花石，特别的沉，所以有一小半都陷进了沙子里。她从沙盘的左下角至右上角挖了一条很宽的水道。然后，她挑了一块长满鲜花并写着"Welcome to my garden"的石碑，迅速地将它安放在了右上角的沙堆里，用手使劲按了按，就像完成一个奠基仪式那样。金色的小屋、带风车的小房子被依次摆在了花园里。三棵大树种在了小屋的后方，小鹿用喷水壶认真地在树的根部喷了足量的水。四艘大船全部下河，稳稳当当地驶入这条水面宽阔、水流平稳的大河。四艘木质小船停靠在岸上。

河的对岸被分成了两个小岛，岛屿之间是一条细长的小河，河上架着一座古色古香的石拱桥。靠近沙盘下部的小岛上有六角亭、欧式别墅和小草房。秋千被安放在可以欣赏到河景的位置，上面有个正在荡秋千的人。这是一片代表本我的区域。右边的小岛则象征着小鹿的追求和希望，上面一些建筑散落在各处，五只蓝精灵正在户外活动。小鹿认真地对着每处临水的沙子喷水，巩固了一下驳岸。

来访者的言语及非言语表达：

小鹿说，左上角是个度假的小岛，四艘木质小船是停放在沙滩上供游客观赏的，并不下河。右边是个居民区，大家平时都在那里生活，难得到度假的小岛去，因为需要坐船，不是很方便。左下方也是个小岛，风格不一样的岛，居民可以从桥上走过去，休息一下。

咨询师的感受：

小鹿的父母来到咨询室，探讨上一次咨询之后在家与孩子相处的策略。可以明显感受到他们，尤其是母亲，正尝试用新的态度和方式来接纳和管教小鹿。受惊的小鹿似乎有一丝丝感受到被接纳、被保护的安全感。于是，她试着向大家敞开一小部分的自己，观察着大家是否能够真正地再次接纳她。荡蓝色秋千的小人似乎在对小屋主人微笑；同时，蓝精灵村落里的居民也向小屋主人挥手。这大概就是小鹿目前非常期待和需要的人际互动模式。

她需要很努力地修正之前犯错带来的影响和后果，需要面对和接受自己犯错误的事实，需要面对别人对她的负面眼光和消极评价；她更需要周围的人给她改过自新的机会，也需要他人的示好来为她增加继续努力的勇气和动力。

沙游咨询三（第6次咨询）

沙盘制作：

这一次还是湿沙盘。小鹿在城市中央建造了一个人工市内湖。沿着市内湖，小鹿建造了一圈城市轨道。右上角开放的栅栏后面，整齐的行道树和石板路指引着一栋小房子。边上有一个大贝壳，贝壳里有一颗浑圆的大珍珠；一只长颈鹿正伸长了脖子聚精会神地盯着珍珠。沙盘的上方有一只白色的瓷老虎被关在了笼子里，瓷老虎白白胖胖的身躯在这个笼子里显得有些拥挤。沙盘的右下角还是那栋金色小屋，还有一个木制凉亭，后有果树，前有栅栏。沙盘的左半边是建筑群，有学校、医院、邮政储蓄、花店、法院、书店、火车站等等。蓝精灵们出入各种功能建筑大楼，忙碌着各自的事情。

图 2　市内湖

图 3　关在笼子里的瓷老虎

图 4　长颈鹿和珍珠

来访者的言语及非言语表达：

小鹿指着右上角的小房子说，那是她的家，一旁醒目的红色邮筒是她和朋友们用来通信联络的。沙盘里的长颈鹿是她的宠物，那个珍珠贝壳是她的宝藏，长颈鹿因为好奇，所以它想看看贝壳里有什么。笼子里的白瓷老虎犯了错误，所以被关了起来，也是她的宠物。她心情好或者它乖的时候，会把它放出来，带着它沿着上面的空地跑一跑。右下的金色小屋是四名水手的家，这四名水手正要去往湖边开船。他们早出晚归，白天在湖里一圈一圈地驾船，载着游客去各个目的地，晚上就回到小屋一同喝酒聊天。一边说，小鹿一边摆弄起围湖的火车头，用手推着它一圈一圈地跑。

咨询师的感受：

这幅作品有忙碌繁华的现代生活，也有悠然自得的田园生活。也许这是小鹿在有规矩、有秩序的现代节奏与内心依旧按捺不住的无拘束、无边界之间寻找一种平衡，是潜意识和意识的一次正面交锋。在这个沙盘里有一些她重视和珍惜的东西，就像湖心的鸳鸯小心守护的那颗水晶球，仿佛是她正在努力酝酿和小心看护的新的心理品质；就像长颈鹿凝视的那颗珍珠，仿佛是她自己正在寻觅和期待的"好"的那个她；也像被关在笼子里的白瓷老虎，虽然犯错被锁，但还是有被放出来的那天，仿佛是她对一部分自我的接纳和重新整合。

沙游咨询四（第 9 次咨询）

沙盘制作：

来之前，小鹿随父母回到老家度过了一个悠闲的新年和寒假。这是假期后返校的一次沙游咨询。小鹿将沙盘用刮板刮得平平整整，她观察一会儿，说："沙子太少。"于是，她将窗台上两盆备用的沙子都倒进了沙盘。很快，一个小岛出现在了沙盘中。一个石砌拱门是小岛的入口，铁罐子被放在小岛上最高的位置，石子顺着山坡倾泻而出，散落在一整面的山坡上。小岛的另一面围着一圈大树，它们的根部深深地扎入小岛的底部，是已经长了成百上千年之久的参天大树。小亭子、木质凉棚和一栋带风车的小房子被建造在半山腰上。四艘大船整齐地停在小岛的港口边。

来访者的言语及非言语表达：

小鹿做完后轻轻一笑，"我不知道要说什么。"咨询师回应："不是一定要说什么的，让有些东西就留在你的心里吧。"

咨询师的感受：

寒假期间，咨询暂停了一个半月。小鹿同学的这一沙盘，深深地打动了咨询师。一个半月前的沙盘带给咨询师的感受，被这一刻散落满山坡的火山石即刻唤醒。小鹿的"不知道要做什么"是一种意识对潜意识的激活，"不知道要说什么"是向心灵深处的下沉。在这片象征自我的小岛上，看不见对立、看不见冲突。看到的只有代表能量的罐子被拱到了小岛的最高处，积攒已久的能量石倾巢而出，看到的是岛屿背后高耸健壮的大树强有力的稳固和支撑。

沙游咨询五（第 10 次咨询）

沙盘制作：

小鹿拿起了每次都要用到的铁罐，转身把它放在了沙盘的左上角。盖子半开着，大多数石子安安稳稳地留在罐子里，只有少部分被掏出散落在沙里，

"Welcome to my garden"的石碑被固定在沙盘的中轴线靠上的位置。金色小屋再次被建造在罐子的旁边；精心铺设的石子路通往左下角的水域。右上角有一片森林，长颈鹿和袋鼠被围在树桩篱笆内。

左下角有一片很清澈、很平静的水面，那是小鹿用手指认真地抹去残留的细沙制作出来的。一群热带小鱼排成队，临水的沙滩也被精心布置了一番，被各式的贝壳点缀着，高大的椰子树沿岸整齐地排列着。水域中有一个湖心小岛，岛上是一个用草木制成的凉棚。

图 5　左下角的热带鱼群和湖心岛

图 6　半开着的罐子和金色小屋

右下角有块品茶休憩的区域，被栅栏分明地圈了出来，一个公用厕所被安置在附近。灌木丛出现在沙盘的左上部，还有两只大鸟立在其中。放有珍珠的贝壳放在沙盘最中心的位置。

来访者的言语及非言语表达：

开始制作前，小鹿有些迟疑，她在沙盘前停留了一会，然后起身走到沙具架前，拿起以前装过白瓷老虎的笼子，问道："这是监狱吗？"咨询师看着她手里的笼子，回应道："你感觉它是吗？""感觉像。"小鹿边说边把笼子放了回去。

放置"公厕"沙具的时候，小鹿一边摆放，一边笑出了声音。对于沙盘中央的有珍珠的贝壳，小鹿几次将贝壳盖子盖上又打开，打开又盖上，最后还是选择打开，露出里面又大又圆的珍珠。

"感觉如何？"制作完成后，咨询师轻声问道。"还不错。挺好的。"小鹿轻松地回答。"你想说些什么？"咨询师追问。小鹿笑了笑，摇了摇头。

咨询师的感受：

这是一盘看不见对立、冲突，只有安静与平和的沙盘，仿佛是一个新的开始。正中间象征着自我的珍珠闪烁着耀眼的光芒，那是小鹿的信心回来了。代表能量的罐子这次很和谐地放在金色小屋旁边，它既没有被封印，也没有失控喷发；那半开的盖子好像正在诉说，能量正在有序地慢慢向外释放，向外流动。那一片刚刚长起的小果树，以及树旁停留的小鸟，就好像正在接受能量的滋养，惬意生长。这很大程度上得益于父母终于意识到小鹿的困境，并正在努力地配合小鹿，改善家庭氛围。同时，在班主任的引导和帮助下，小鹿也在一点点规范自己的言行，主动参与班级的日常活动，积极争取良好的表现。

左下角是整个沙盘最灵动的部分，整齐排列的小鱼象征着一种新的秩序、新的规则，是小鹿对现实生活和内心世界的转化和顺应。规则和顺应或许才是真正的自由和欢愉，小鹿正在慢慢领悟。

(二) 家校联盟的系统工作

1. 家庭系统——家长如何在家中与孩子相处

心理教师分别在第 2 次、第 4 次咨询过后，与小鹿的父母做了一些界限允许范围内的反馈和沟通。首先，心理教师澄清了在咨询过程中的一些设置和边界问题。有的时候可以感受到，小鹿把心理咨询看成"庇护"，在家庭和学校受到挫折和不被接纳之后，咨询似乎成了她的安慰剂。小鹿母亲表示，这可能是她授意的，她一方面支持、鼓励并提醒小鹿要坚持做咨询，另一方面小鹿母亲也认为心理教师也许是这个学校里唯一能理解和接纳小鹿的人。心理教师对家长做了一些心理教育，鼓励小鹿母亲应该利用更多资源和发挥母爱的力量。小鹿的改变与成长需要她自身的能量、家人的支持和心理咨询的辅助共同起作用。之后，心理教师和家长一起探讨了一些具体可行的家庭教育策略：

(1) 让小鹿主动参与妈妈和弟弟的抚养互动工作，如帮忙照看、阅读早教绘本等，并及时对"姐姐"身份予以肯定。

(2) 充分呵护小鹿对"爱"的需求，周末可以依照她的喜好和提议，组织一家四口的户外亲子游，以小鹿为主。

(3) 父母双方在对小鹿的管教方式上需要达成一致意见，对小鹿的错误行为以教育为主、略施小惩为辅，并要在事件发生的当下及时做出有效反馈；同时，也不能忽略对小鹿的鼓励与肯定，如一段时间内小鹿都没有犯什么错误，或在成绩上、班级活动中表现良好，都需要给予及时充分的表扬。

2. 学校系统——小鹿的班级适应问题

心理教师在第 2 次、第 6 次咨询过后，与小鹿的班主任进行沟通和协作。

(1) 与班主任的一次会谈

心理教师从班主任处了解到，他接手小鹿及其班级已经三个年头。从一开始，小鹿就是班里的"捣蛋大王"，大错小错屡犯不止，被喊家长亦是家常便饭。据班主任观察，小鹿喜欢交朋友，但都用一些哗众取宠的方式来博取大家一乐，其实并没有几个真心朋友。用班主任的话说，小鹿很聪明，但都没有用在正确的地方。心理教师对班主任的用心表示肯定，确实，班里出现所谓的"问题"学生，都会耗费班主任极大的精力。

　　针对小鹿即将要进行道歉这一行为，心理老师与班主任做了充分的沟通。首先，班主任维持一贯的德育管教风格，对小鹿和班里其他同学一视同仁，不会因为小鹿做了咨询而格外关照，避免小鹿出现"获益"心态。其次，在小鹿做出道歉行为之后，班主任给予积极和正面的回应。班主任提议，在"是否原谅小鹿"这一问题上，可以对小鹿提出一些具体要求，如坚持两周不出现违纪，坚持一个月不被约谈家长等。第三，给小鹿分配一些常规班级事务，如每日为班级绿植浇水、记录每日出勤和协助老师收发试卷等。在培养小鹿日常规范的同时，让小鹿在班集体中找回存在感。

　　（2）与班主任的一次协作

　　为了帮助小鹿回归班集体，这一次，心理教师与班主任一同设计了一个校园心理剧形式的主题班会，名为"我们要不要原谅他"。需要申明的是，在以往的心理健康课及班会课上，学生已经开展过几次以男女生交友、考试纪律和亲子冲突为主题的心理剧活动，学生表现活跃，效果明显。因此，这并不是一次孤立或突兀的活动设计，而可以看作是一系列心理剧活动的其中一个单元。同时，为了保护小鹿的隐私和自尊心，剧本的故事情节和排演演员刻意避开了她及其相关事件；距离事件发生已过去一个学期，参演的同学亦不会对此有所察觉或猜测。小鹿与其他同学作为观察评论员，参与整场活动。

　　班会一开始，几名同学演绎了一段主人公因为嫉妒他人成绩好而偷拿同学复习材料的故事情节，观察与评论随着剧情的推进而展开。这一系列问题和故事情节的演绎，完整呈现了小鹿面临的困境以及内心的冲突。通过班主任和心理教师在每个关键节点的价值观引导，以及全班同学在整场班会中的畅所欲言，小鹿应该会领悟到，真心地改错、真诚地交往，她会重获同学的接纳，重新融入班集体中。同时，通过这场主题班会，班里的每一个同学也会有新的收获。

五、咨询效果与反思

（一）咨询效果

据小鹿母亲反馈，比起上学期的"不上进"的学习状态，新学期小鹿在语文和英语这两门学科上都愿意多花时间背诵和复习，单科成绩也有一定的提高，这让小鹿感受到了一定的荣誉感和成就感。同时，家庭和班级的氛围随着小鹿的转变，也发生了微妙的变化。

咨询的初始阶段，心理咨询师强烈地感受到小鹿对人的不信任感和不安全感。在一个自由而受保护的空间里，沙盘作为关系建立的媒介，咨询师和小鹿互相影响、互相开放，逐渐打开了安全而可信任的咨询局面。小鹿不仅仅向咨询师表达和展示她自己，更为她自己创造了一个可以观察、宣泄和体会内在自我的契机。

随着咨询的逐渐深入，心理咨询师发现，咨询已然成为小鹿日常生活的一部分：她能熟练地进出咨询室，主动去班主任处做好离班请假手续，按时完成咨询。小鹿找到了适合她的方式来面对和处理生活的困境和心灵的冲突，在遵守秩序和保持自我中渐渐掌握边界、保持平衡。同时，父母的支持、家校的配合，以及班主任、学科老师对小鹿的关注和指引也至关重要。心理教师在不突破咨询边界的情况下，在充分尊重小鹿知情权和否决权的前提下，保持与家长、老师的工作同盟。

从小鹿的沙游历程来看，这是一次从混乱到有序的顺应之旅，从被动隐藏到主动正视的接纳之旅，从惊慌失措到从容安定的疗愈之旅。小鹿渐渐地从外部紧张、分离的关系世界，走进心灵的内部整体空间。接下来，她也许会去那个更深入的领域，去探寻她的自性。

（二）咨询反思

1. 学校心理咨询的设置

校内心理咨询均免费提供给在校学生，故在咨询过程中，可能会出现如下几个问题：

（1）来访者对心理咨询的过度依赖，或以咨询为由而逃避其他的学习活动或校园其他相关活动，如出现症状获益等。

（2）由于学校作息的特殊性，咨询并不能长久地保持时长、频率上的稳定，其中有几次暂停（寒假、考试周等），可能会对咨询效果的维持造成一定的干扰。

（3）将心理咨询师等同于学校老师，或出现移情，如害怕咨询师像老师一样批评和说教，担心咨询师无法保密等。

（4）心理咨询师为建立良好咨访关系，或出现极力表现得有别于班主任或学科老师角色的现象，如对来访者产生过度共情或不合时宜地包容、夸赞等。

2. 家校联盟的系统工作对青少年咨询的作用

青少年的成长从来不是单枪匹马、单打独斗。建立良好的社会支持系统，寻找身边的积极资源，是孩子们努力克服青春期困惑、顺利渡过成长关键期的必要条件。家庭、学校、孩子，组成一个良性的生态循环系统，全方位提供孩子生理上快速成长的空间，全时段呵护孩子心理成长。

3. 学校咨询师的个人成长

随着咨询的发展，小鹿也许即将进入更深入的自我探索和自性化整合。咨询师深感自身沙盘游戏的经验有限，需要更多的学习、个人体验和咨询个案的针对性督导。学校咨询师的个人成长是一个长期而系统的历程，需要学校的大力支持及咨询师自身的不懈努力。

（本案例提供者：苏州外国语学校　蒋梦超）

案例七

卸下保护色
——撒谎女生咨询个案

一、来访者基本信息

1. 个人基本信息

晓雨（化名），11岁，本校五年级女生，中等身材，肤白偏瘦弱，长相清秀，扎丸子头。一年级下学期，从外地村小转入本校就读。晓雨说话时常常低着头，眼神不敢正视对方。自述在班里没有朋友。

2. 主要家庭成员及关系

晓雨是独生女，父母做点摆摊小生意。父亲小学文化，母亲初中文化。父母工作很辛苦，劳动时间长，经济收入一般。父母希望晓雨能通过学习改变命运，将来有一份轻松稳定的工作。母亲每学期都给晓雨购买学习辅助资料，作为家庭作业，让晓雨每天刷题。母亲脾气暴躁、易怒，一发现晓雨未按时完成作业，就会不顾场合和晓雨的感受，口出脏话，还会动手打晓雨。晓雨惧怕母亲，母女关系疏远。

3. 个人成长过程中的重要事件

从小，母亲对晓雨的成绩就十分关注，常常会用"别人家的孩子"作比较来要求晓雨。

晓雨转学至本校时，因讲普通话时带着浓厚的乡音，班里一些同学取笑她。当时她不敢告诉老师，也没告诉母亲。只有同学小璐为她打抱不平，并与她成了好朋友，也是唯一的朋友。小璐在五年级时转学去了别的学校。晓雨在班里没有朋友，因怀疑同学小宸和小丹在背后说她坏话，与她们起了激烈的争吵，双方争得面红耳赤，口出粗话并动手扭打起来。晓雨觉得被欺负了，事后委屈地哭泣。

四年级上学期时，数学老师发现晓雨的作业本已多次不写，页面多空白，就严厉地批评了晓雨，还打电话向家长了解原因。回家后，晓雨被母亲打骂，她很委屈也很伤心。此后，晓雨在遇到不交作业被查到的时候，就会撒谎编各种理由来搪塞。

4. 来访原因

晓雨前来咨询的主要原因是人际关系问题导致心情不好，与同学交往中感觉到自己被欺负而非常压抑。

据班主任老师反映，晓雨经常不做作业且不承认。她会把作业本藏起来，然后谎称"本子没发到"或者"忘记在某某处了"等，让任课老师无据可查。老师对晓雨的撒谎行为很生气，也无法理解。因此，班主任推荐她进行心理咨询。

二、个案概念化

1. 主要问题表现

晓雨的主要问题表现为两个方面：

第一方面，转学适应不良导致的消极情绪以及错误的应对方式。晓雨在刚转学时，因普通话带着浓厚的乡音，被同学取笑。当时她很自卑，不敢告诉老师，也不想告诉妈妈，害怕母亲骂她是"废物"，总是一个人呆在角落默默忍受。五年级，好朋友小璐转学后，看到小宸和小丹奇怪的亲密耳语，晓雨感受到被取笑，她体会到的是生气、难过、愤怒等消极的情绪。这种消极情绪影响了晓雨的判断力，应对行为失去了理性的思考，与小宸、小丹发生了激烈的争吵，导致出现动手扭打等不理性行为。

第二方面，错误认知导致的撒谎。撒谎是一种自我保护。晓雨清楚自己的作业本没交,当老师问晓雨"有没有交作业"时,晓雨内心是恐慌的,但她不想让老师认为她很差,就以撒谎"我已经交了"回应。当作业本没交的事实摆在面前时,晓雨害怕母亲知道了会暴风雨般打骂,就再次撒谎"我的本子没拿到",她试图用另一个谎言来圆第一个谎,维护自尊,保护自己。

2. 问题形成与发展原因

晓雨有一类与无价值类的核心信念相联系的思维—情绪—行为模式,晓雨的认知概念化图如下:

相关早期经历
父母对晓雨的学习期待高。母亲对晓雨的成绩十分关注,常常会用"别人家的孩子"作比较来要求晓雨变得优秀。从小,母亲对晓雨都是采用打骂的粗暴方式,常骂晓雨是"废物"。

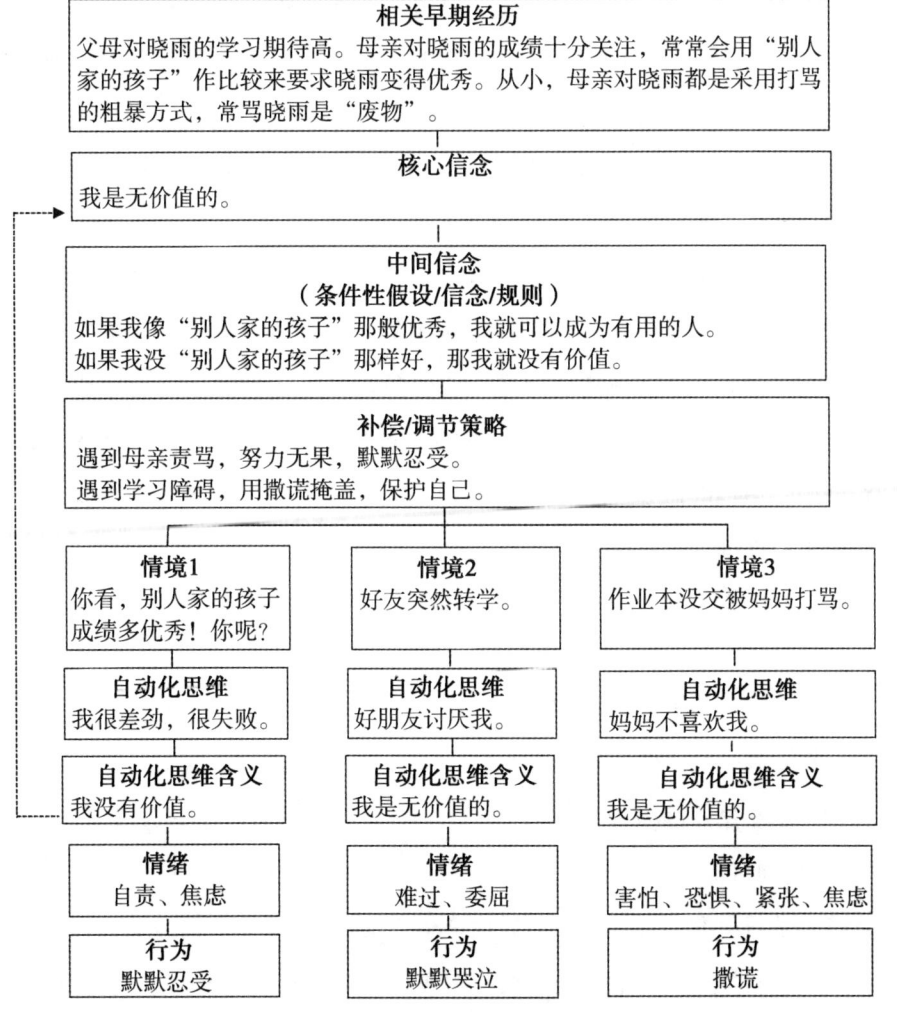

核心信念
我是无价值的。

中间信念
(条件性假设/信念/规则)
如果我像"别人家的孩子"那般优秀,我就可以成为有用的人。
如果我没"别人家的孩子"那样好,那我就没有价值。

补偿/调节策略
遇到母亲责骂,努力无果,默默忍受。
遇到学习障碍,用撒谎掩盖,保护自己。

情境1	情境2	情境3
你看,别人家的孩子成绩多优秀!你呢?	好友突然转学。	作业本没交被妈妈打骂。
自动化思维 我很差劲,很失败。	**自动化思维** 好朋友讨厌我。	**自动化思维** 妈妈不喜欢我。
自动化思维含义 我没有价值。	**自动化思维含义** 我是无价值的。	**自动化思维含义** 我是无价值的。
情绪 自责、焦虑	**情绪** 难过、委屈	**情绪** 害怕、恐惧、紧张、焦虑
行为 默默忍受	**行为** 默默哭泣	**行为** 撒谎

图1 晓雨的认知概念化图

三、咨询方案

（一）理论依据

认知行为疗法具有结构化、短程、着眼于现在、问题导向、聚焦当下等主要特征。该理论认为，适应不良的情绪和行为都源于错误的认知。在处理轻到中度的心理问题的咨询工作中，认知行为治疗的基本原理及核心技术非常有助于对来访者所遇困境的理解和预测，并有助于缓解情绪困扰，改善行为症状。当人们学会用一种更加现实和适应的方法来评价自己的思维时，他们的情绪状态和行为都会有一个提高。本案例中，矫正晓雨潜在的功能不良信念可以产生持久的改变。

系统理论强调，某个人所谓"问题"并不是一个独立现象，而是整个系统内部相互作用的结果，咨询师在系统中的工作就是要发现"问题"是如何被建构起来的，并寻找解构"问题"的资源，采用适当的策略对固化的系统认知模式进行扰动，促使系统成员发现更多改变的可能性。本案例中，咨询师对晓雨习惯性的撒谎模式进行解构，使晓雨的问题行为被重新解读，老师们找到了帮助晓雨的突破口。

（二）咨询目标

1. 问题清单

（1）学习障碍导致的抑郁情绪；

（2）与同学的人际关系相处不良；

（3）不交作业的撒谎言行。

2. 咨询目标

（1）学习上的困难，能主动寻找策略去克服；

（2）与同学交往中能合理表达与沟通，与同学相处愉快；

（3）接纳自己的不完美，允许自己犯错，真实坦然、健康自信地成长。

3. 主要咨询过程及技术

表 1 主要咨询过程及技术

主要咨询次数	主要咨询方式	主要参与成员	主要咨询技术
第一次	个别咨询	晓雨	倾听、共情
第二次	个别咨询	晓雨	三栏表收集典型事件
第三次	系统会谈	任课老师、班主任	改释
第四次	个别咨询	晓雨	箭头向下技术 自我肯定
第五次	个别咨询	晓雨	苏格拉底式提问行为实验
第六次	系统会谈	班主任及任课老师、晓雨父母、晓雨	合作会谈
第七次	个别咨询	晓雨	箭头向下技术
第八次	个别咨询	晓雨	苏格拉底式提问自我肯定
第九次	系统会谈	晓雨母亲	合作会谈
第十次	系统会谈	班主任、任课老师、晓雨父母、晓雨	合作会谈

四、咨询过程

第一次 个别咨询

在评估会谈的基础上，对收集到的重要信息作出初步诊断；了解晓雨面临的困境，与晓雨建立良好的咨询同盟关系；引导晓雨了解并进入 CBT 的咨询框架；围绕心理问题进行谈话（使用三栏表，引入自动思维的概念）；进行初步个案概念化，与晓雨讨论当前面临的主要问题，设定总体目标，罗列出目标清单；总结并倾听晓雨的反馈，布置家庭作业。

第二次　个别咨询

继续使用三栏表收集引发晓雨典型消极情绪的事件：（1）母亲的喜欢比较；（2）好友转学后，与同学起冲突；（3）作业不交被打骂。咨询师利用个案概念化图表，帮助晓雨区分事件、想法和情绪之间的关系，认识到消极情绪的产生，关键不是事件本身，而是关于事件的认知评价。通过分析讨论，晓雨开始看到自己的认知模式总是有"我是失败的""他们不喜欢我""别人说我不好"等负面消极的主观推论的思维，并意识到改变自己错误的认知模式能改善情绪。

第三次　系统会谈

会谈人员：心理教师、任课老师、班主任

心理教师召集了语、数、英任课老师以及班主任一起座谈，互相交流各自对于晓雨的印象和看法。三位老师对于晓雨的印象非常相似，主要是经常性不交作业且习惯性撒谎令老师们很头疼。老师们分析晓雨不交作业的原因有很多，其中可能有：知识掌握不好，不会做；作业错得多，导致失去信心；贪玩，没有合理安排时间来完成作业等等。但是不管什么原因，晓雨拒不承认事实，并以各种借口撒谎，这让老师们很生气，不明白她这种掩耳盗铃的做法有何意义。同时老师们也不知如何帮助她改正。

班主任与晓雨的关系较好，她经常会找晓雨谈心，了解她内心的真实想法，对她家庭情况比较熟悉。她向与会老师全面介绍了晓雨以及家庭的相关情况，尤其是晓雨母亲的教养方式，对晓雨学习要求高、教育方式简单粗暴，甚至经常打骂，这引起了老师们的高度重视。

根据老师们反馈的信息，会谈中，心理教师对晓雨的撒谎行为模式进行了解构：父母的文化水平低，在学业上无法有效帮助晓雨。随着年级的升高，学习难度增加，晓雨在学习方面的困难越来越大，她无法应对，采用逃避写作业的对策，又害怕被老师发现后批评。她清楚每次改完作业，老师都会整理核对本数，发现她没完成后，会告诉母亲，回家后她被母亲打骂。她认为只要自己不承认没交，老师和母亲就无据可查。晓雨用撒谎（本子没拿到/我已经交了）这一方式来保护自己，逐步养成了撒谎的习惯。心理教师关于撒谎的解释打开了解决问题的新思路——老师们解开了心中的疑惑，理解了她的困难，清晰了她的需求，还经过商量，制订了帮助晓雨的计划：

（1）面批作业，及时解决当下疑难。任课老师对晓雨的作业本采用单独面批的形式，这样既免去了查本子的烦恼，又可以对晓雨当天的学习困惑及时解决。

（2）点对点帮辅，解决积压的困惑。语数英三位老师帮教的时间，分别固定在每天的早中晚的自修时间段。

（3）鼓舞信心。任课老师利用上课时间多提问晓雨，多鼓励表扬，淡化测试成绩。信心比黄金更重要，要让晓雨树立学习信心。

（4）提供机会。班主任在各种活动中寻找契机多关心晓雨，欣赏晓雨的特长——跳舞，给她展示特长的机会。

（5）安排家访。老师们去晓雨的家里，了解晓雨的成长环境，询问父母，对她有更深入的了解。

本次会谈中，心理教师用改释的系统干预技术，对晓雨一贯的撒谎模式在系统相关的背景下做出新的解释，从而帮助晓雨重构了理解、接纳、支持的学校环境。

第四次　个别咨询

评估情绪，帮助晓雨弄清楚思维、情绪和行为之间的联系。这里主要使用苏格拉底式提问评价自动思维，识别并矫正认知偏差。同时咨询师和晓雨一起用数据来评估情绪的强度，在评价了自动思维之后，再次用数据评估情绪的变化，让晓雨意识到识别自动思维和评价自动思维的重要性。表2是晓雨的思维记录表示例。此外还教授了问题解决技术，以帮助晓雨处理当前面临的现实问题。

表 2 晓雨的思维改变记录表

情 境	自动思维	情绪及其强度	评价自动思维	结果/变化
老师查到晓雨的作业本没交。	我回答没交作业，老师一定会认为我又懒又笨，是个废物。	害怕（80）紧张（90）	上课没听懂老师讲的知识点，作业不会写属于正常现象。如果带着困惑去请教老师，老师会觉得我很好学，还会耐心地讲解。	害怕（50）紧张（40）要接纳自己不会做题的事实，努力想办法解决。
与小宸和小丹发生激烈冲突。	她们故意那么神秘，明显不愿意接纳我做朋友，一定在说我不好。	愤怒（93）难受（80）	小宸和小丹本来就是好朋友，她们亲密交谈，并不一定在讲我坏话。如果我主动去交谈，也许她们会跟我分享有趣的事情。	愤怒（30）难受（20）不能敏感多疑，要学会主动与同学交流与分享。

例如，针对"晓雨与小宸和小丹发生激烈冲突"这一典型事件，咨询师帮助晓雨区分事件、想法、情绪三者之间的关系，让晓雨认识到消极情绪产生的关键不是事件本身，而是对于事件的认知评价。通过分析讨论，让晓雨看到自己不良的认知模式，意识到改变想法可以改善情绪。

以下为咨询过程片段：

咨询师：你看到小宸和小丹在一起说悄悄话，有什么想法？

晓雨：我心里很难过。我看到她们俩凑着耳朵边说笑，边还用眼睛瞟我，我越想越来气。

咨询师：所以你开始只是心里有些难过，后来突然就生气起来。你能告诉我，当时你是怎么想的吗？

晓雨：小璐没转学的时候，小宸和小丹也和我们一起玩的。现在小璐转学走了，小宸和小丹跟我就没那么好了，我有点难过。我瞧见她们说着咬耳朵话，故意朝我看，神神秘秘地搞什么鬼？一定是在说我的坏话，我很生气！

咨询师：你那么肯定她们俩是在说你的坏话吗？

晓雨：是的，我很了解小宸，她喜欢在背后说别人的不是，以此为乐。小丹也是这样的。而且她俩都不停地朝我看，防止被我听到。

咨询师：所以当她俩故意说你坏话的时候，其实意味着什么？

晓雨：他们不把我当朋友，因为我很差。（晓雨低下了头，说得很无力）

咨询师：这让你很难受，对吗？（晓雨点头）我们来看看你这个想法的可能性到底有多大呢？为了看得更清楚些，我们来画个图示，我画这条线，线上带有刻度，左边是0，表示她俩完全不在说你的坏话；右边是100，表示她们的的确确是在说你的坏话。你判断一下，这个可能性在线的哪个位置？

晓雨：80的位置。绝大部分的可能性是在说我的坏话，还有一小部分可能不是。

咨询师：按照你刚才的说法，她俩一定是在说你的坏话，那就是100。那么现在我们来想一想，80的可能性和100是不是一样？

晓雨：（若有所思地）80和100是有区别的。老师，我知道没有问清楚，直接去制止她们俩说悄悄话是不对的。

咨询师：在你看来，可能存在的20会是什么？

晓雨：可能她们正在说一些其他的小秘密，有可能不是在说我的坏话。

咨询师：很好，你看我们刚才画了一条线，这条线帮助我们看得更客观一些，这样可以避免一些不必要的冲突。试想，如果我们当时有所怀疑，但是如果能善意礼貌地询问一下她俩，然后再来处理，就会避免很多误会。

晓雨：我明白了，谢谢老师！

咨询师：老师想知道，你以前有没有过类似的经历？

晓雨：（思考了一会儿）一年级的时候，我转学到这里。我的普通话讲得不好，同学取笑我，没有人跟我玩。别人一下课都有玩伴，热热闹闹的，我觉得别人一定都看不起我，不愿意跟我玩。其实现在想想，也不是 100 那么严重。

咨询师：你能这么想真好！

晓雨：是的，这么想我的感觉好多了。

咨询师：老师请你回家去完成一份清单，你要仔细想想，再填写哦。

这次会谈过后，咨询师向班主任汇报了晓雨对这次冲突事件的认识，并希望班主任能设计并组织一些班级活动，给晓雨展示才艺的机会。于是，班主任策划组织了一次"才艺大比拼"班会。那次班会上，晓雨在班主任的鼓励下跳了一段精彩的中国舞，赢得了全班同学热烈的掌声。

一周以后，晓雨交来了她的作业——自我肯定清单。

表 3　晓雨的自我肯定清单

我学了 4 年舞蹈，会跳很多舞。
我的语文成绩很稳定。
我会自己扎辫子、洗衣服、做饭。
我从不睡懒觉，上学从不迟到。
学校义卖的时候，我自己做了蛋糕，很受大家欢迎。
跳绳比赛我在班级里排第二，跳远也在女生中领先。
……

第五次　个别咨询

针对晓雨不交作业撒谎的做法，咨询师在会谈时问起"当时，是什么原因让你作业没做要撒谎"时，晓雨显得非常紧张，她觉得咨询师的提问会勾起她曾经被妈妈打骂的痛苦体验。晓雨的手绞在一起，表情很紧张、很焦虑，她的眼神中流露出的回避和无助让人心疼。她的头很低，声音很轻："真的不是我，我的作业已经交了。"

咨询师的判断与晓雨的治疗关系密切，于是有了如下的咨询片段：

咨询师：老师问你作业本有没有交的时候，你觉得害怕吗？

晓雨：是的。

咨询师：能不能告诉我，如果你回答任课老师"本子没交"，你担心会发生什么？

晓雨：（声音依然很低，低着头）老师们可能会觉得我很不好，就不喜欢我。

咨询师：（咨询师把晓雨的想法"如果我回答老师'是的，本子我没交'，老师可能认为我很不好，就不喜欢我"写在纸上）所以，是这种想法让你感到担心，是吗？

晓雨：嗯，是的。

咨询师：你有哪些证据，可以证明这个想法（咨询师指着纸上写的内容）？

晓雨：嗯，说了一定很可怕。

咨询师：有没有可能，老师并没有你想的那样，并没有认为你很不好，也没有不喜欢你，而是只要你补好作业，下不为例就行。

晓雨：（轻轻地）也有可能吧。

咨询师：有没有哪一次，你作业没按时交，老师也没责备你、讨厌你，只需要你如实回答，及时补上作业就行？

晓雨：（点头）好像有过，记得上次语文老师问我的时候，我说还没做好作业，所以没交。老师就过来教我做题，后来我完成了，老师还在班级里表扬了我。

咨询师：是的，这是多么好的事情啊！所以，假如你承认了作业没交，会发生的最糟糕的事情是什么？

晓雨：老师不喜欢我，认为我很差劲。

咨询师：这是最差的结果。那假如你承认了作业没交，会发生的最好的事情是什么？

晓雨：老师可能会认为我不好，但是只要补上作业，也不会批评我。

咨询师：那你敢不敢拿出勇气尝试一下，说出事实，然后如果有不懂的地方去问下老师？据我了解，老师们可是很喜欢不懂就问的孩子哦。

晓雨：（看着咨询师，微笑点头）嗯嗯，谢谢老师。

这次个别咨询，咨询师使用苏格拉底式提问帮助晓雨以事实为依据评估自己的预期，提供了其他可供选择的观点，来帮助晓雨意识到自己的负性预期并不一定会成为现实。晓雨回忆起了曾经因为及时补交了作业，而得到老师表扬的积极事件。这一正面的例子给晓雨很大的信心。会谈之后，咨询师又跟任课老师沟通反馈了晓雨"自我评价低"的情况，并希望语数英老师和班主任继续给予晓雨鼓励和表扬，哪怕一个小小的火花，也能点燃晓雨心中压抑已久的学习热情！

咨询后，咨询师又与晓雨进行了一次行为实验：向英语老师坦承自己的英语作业不会写，看看英语老师的表现是否像自己担心的那样。

表4　晓雨的行为实验记录

消极的自动思维	如果我承认自己不会做今天的英语题，老师一定会觉得我很差。
可替代的新想法	就算老师不喜欢我不会做英语题，但是如果我是很诚实地说出来的，那么他会认为我很好学。
行为预期结果	老师讨厌我，可能性80%；老师看到我学习遇到困难，就教我解题可能性20%。
行为过程描述	我鼓足勇气告诉老师：我的英语作业没交，有几个句子没听懂，希望老师能教我解答。
行为实验结果	英语老师很惊喜，很高兴我能主动来解释作业没交的原因。他不但帮助我一起完成作业，还和我约定，上课没听懂就举左手，想回答问题就举右手。这让我很高兴，也感受到了自己以往的担心是多余的。

第六次　系统会谈

会谈人员：心理教师、班主任、任课老师、晓雨父母、晓雨第二次系统会谈，老师们决定采取家访形式，家校双方进行面对面的沟通交流，以更有效地帮助晓雨成长。在征得晓雨的同意以后，进行了家访。

这次家访由班主任、英语老师（因上门家访，不宜人数太多）和心理教师三人前去。父母相当关注晓雨在校的表现，非常感谢老师们的关心。在教育孩子的问题上，父母亲都说自己文化水平低，将希望寄托在孩子身上，所以只要是教育上的投资，父母节衣缩食都要满足孩子。老师们对家长望女成凤的心情表示理解，同时，三位老师以积极的视角，向父母汇报了晓雨在校的表现，并对晓雨提出了合理的期待。

老师们也希望家长能尊重孩子，孩子对待学习尽力就好，不要把成人没有实现的目标强加在孩子身上，要让孩子健康自由地生长。母亲对孩子要多些包容谅解，多点欣赏、鼓励、支持，让孩子感受到母亲的爱。母亲与孩子的互动模式，直接影响到孩子与老师的相处。家长与老师携手合作，让孩子消除恐惧，她就有勇气面对自己的不完美。

这次家访拉近了晓雨、父母与老师的距离，让晓雨再次感受到了老师们对她的关心。晓雨发现老师并不会像她想象中的那样严厉责骂，反而很理解她，关心她。

第七、八次　个别咨询

评估情绪，在前面六次咨询的基础上，将重要事件—自动思维—情绪以及相对应的中间信念进行汇总，识别矫正核心信念。咨询师分析了"我是无价值的"等不良信念形成的相关经历，进行了认知重塑，让晓雨看到"我不完美，但是我可以使自己越来越好"，逐步矫正"我是无价值的"的核心信念。

咨询师使用箭头向下技术，让晓雨看到自己心理过滤的认知错误。以下是对话的片段：

咨询师：那次你语文测试全班第三，其实你是很开心的。可是你妈妈说，×××不但成绩好，还年年拿奖状。你听了，有什么想法？

晓雨：我想，我已经很努力了，年年拿奖状，我肯定是不行的。我的数学和英语听不太懂。

咨询师：如果你对妈妈说出这些心里话，会怎么样呢？

晓雨：妈妈一定会大骂我："没出息的蠢货！给你买那么多辅导书，让你做题，还不会啊！我上学的时候，上的是村小，还比你拎得轻些！"

咨询师：妈妈火气这么大，对你不满意，对你来说意味着什么？

晓雨：我做了那么多课外辅导作业，学习还是搞不上去，让妈妈生气，我是个废物。

下面是针对中间信念使用苏格拉底式提问进行矫正的片段：

咨询师：你的意思是"妈妈不满意你的学习成绩，对你发火，就意味着自己没用，是个废物"，是这样吗？

晓雨：点头（眼里闪着泪光）。

咨询师：我看出来你很激动，你内心里有些委屈，对吗？

晓雨：是的，我已经很努力了，妈妈看不到。

咨询师：如果妈妈生气，意味着她对你满意，意味着你没有做好。假定最有用的人是 100 分，废物是 0 分，妈妈不满意的时候，你给自己打多少分？

晓雨：50 分。我还是有用的，只是不够好。

咨询师：你考了全班第三。你自己觉得自己在这次考语文的时候，哪一些努力妈妈没看到？

晓雨：这次我上课听得认真，把课文背得滚瓜烂熟，作文也写得很长了。

咨询师：看到自己的这些优点，你给自己打多少分？

晓雨：70—80 分。

咨询师：我们来回顾一下自动思维，妈妈生气责骂——妈妈不喜欢我，因为我学习很差劲。当识别出来的时候，你就立刻意识到了它的错误，然后我们用打分的方法，明白了每次妈妈不满意的时候，其实她没有看到你努力的过程，只看到结果仍不如最优秀的同学。其实你很努力，你还是很有用的。

同时，你也可以想一想，在没有咨询师帮助时，如何应对妈妈发火的情况？

这次咨询过后，咨询师给晓雨布置作业：继续写"自我肯定清单"。

第九次　系统会谈

会谈人员：心理教师、晓雨母亲

对于孩子来说，最好的老师都是自己的父母。可见，父母对孩子的影响之大，母亲的观念和价值标准对晓雨的性格形成有很重要的影响。为了更进一步帮助晓雨，心理教师与晓雨的母亲又一次进行合作会谈。母亲言语中带有自责，坦承不懂教育方法，急起来就要打骂晓雨。同时她也很焦虑，现在孩子大了，越发不听话了，她也心力交瘁，无计可施。

以下是心理教师与母亲的对话片段：

咨询师：听起来，妈妈对自己的教育方法上有自责和后悔，是不是因为打过骂过孩子，如今孩子对你有惧怕的感觉？

母亲：（神情激动）是的，是的。我小时候在家里父母都不关心我，刚出生就被送到外婆家抚养，直到十多岁才回到父母身边，所以我从小就没有感受到父母的爱。回到自己家以后，我的父母脾气不好，经常打骂我，我对他们感情上越加疏远。我有哥哥姐姐，现在大家都在外面工作，我们有联系，但关系不亲密。

咨询师：所以你担心晓雨和你感情上疏远，是吗？

母亲：是啊，我很担心，晓雨现在越来越不听我的管教。哎，都怪我们，当年由于房子没落实，晓雨一年级只好在爱心小学读书，所以这孩子学习基础比同龄孩子差。

咨询师：晓雨一年级的上学条件让你觉得不够满意，留下了遗憾，好在接下来的几年，经过你们的努力，弥补了这个遗憾，孩子转入了公办小学。你们夫妻已经非常尽力，你们很不容易，辛苦打拼，不断地创造美好的生活条件，很了不起！

母亲：（看着心理老师，感激地）老师您能这么看我们，真心谢谢！

咨询师：世上没有完美的父母。我们在努力创造好的物质条件，同时我们也在学习做称职父母的路上。现在，孩子到了不听话的年龄，我们的教育方式也要改变。在教育孩子的问题上，你有没有什么打算？

母亲：我不能再骂她了，这孩子自尊心强，伤不起啊！当然更不能打她，打在她的身上，痛在我心里啊！可我一遇到事，就很难控制自己的脾气。唉！我也想找个心理专家开导开导，或许对我的家庭、对我自己、对孩子都有帮助。

咨询师：我理解你的心情，在教育孩子的时候遇到困境，会有很多矛盾和无力的感觉，有时候我们整理自己的情绪比教育孩子更难。不过我相信，为了孩子的健康成长，你一定会努力的！适当的时候，家长自己先找个心理专家寻求帮助，对孩子无疑是有帮助的。

母亲：是的，是的。

咨询师：我们老师会尽力与你们家庭共同合作，一起努力，争取让晓雨学习进步、开心快乐！

这次会谈结束过后，晓雨的母亲去找了一位专业的心理咨询师，进行了心理咨询。她意识到自己的成长经历中欠缺的部分，开始学习改变和成长。母亲的改变，对家庭尤其是对晓雨的帮助无疑是巨大的。当晓雨在校园里遇到心理老师时，脸上会带着笑容，她主动告诉老师：妈妈这几天很少批评她，脾气也变得温柔了很多。

第十次　系统会谈（准备结束咨询）

会谈人员：心理教师、班主任、任课老师、晓雨父母、晓雨

四周以后跟踪随访，晓雨对自己的新认知模式进行总结，同时心理教师又用一些新事例进行思维训练和行为考验，晓雨的反映都比较好。心理教师和班主任一起商量后，邀请了语数英老师、晓雨父母亲以及晓雨一起来参加这次结束咨询前的会谈。

三位任课老师对晓雨的进步感到非常欣喜。晓雨从每天早中晚三次在老

师身边写作业，到目前都能按时完成作业。遇到不懂的时候，晓雨会主动找同学或者老师请教，主动搬走学习上的"绊脚石"。晓雨一天比一天学得轻松，作业效率也比以前高了。

心理教师与晓雨回顾了咨询过程中学到的知识，尤其是要用合理的积极想法来评价自己，希望她经常用活动表衡量情绪，看到自己的变化，用"自我肯定清单"来鼓励自己。只有看到自己的优点，才能欣赏别人的长处，才能交到更多的朋友。在交往的时候，不可能一帆风顺，不要害怕，学校的"阳光"心理咨询室的大门永远敞开，可以随时来咨询或谈心。

班主任和心理教师协作，利用班会课组织全班同学开展心理团辅活动，用一个一个的游戏，让同学们增进友谊，相互团结。老师们都欣赏晓雨对艺术的执著坚守，期待她能利用自己的长处为班级出力，争取在校级舞台上展示才艺。晓雨的笑容多了，她也乐于跟同学在一起玩。晓雨对自己的学习也有了信心，她立志报考幼师专业，做个幼儿园的"孩子王"，用阳光和温暖传递老师们对她的爱。

晓雨的改变让父母特别感动，他们看到晓雨在家里比以前更懂事了，学习也不需要太多操心。母亲非常感谢老师们的关心和帮助，她反馈自己在专业心理咨询师的帮助下，逐渐走出阴霾，调整期待。她表示一定要改掉急躁的脾气，合理期待，使整个家庭更加和谐温暖。

五、咨询效果及反思

（一）咨询效果

整个咨询过程持续 2 个多月，到咨询结束时，晓雨已经能和同学愉快相处，也结交了新的朋友。她在班里渐渐展露她的艺术特长，报名加入学校的舞蹈社团。在六年级小升初考试中，各门学科都达到"良好"等级，并顺利升入本地的一所初中。

（二）咨询反思

晓雨因转学时普通话带着乡音被同学嘲笑，在人际交往方面自卑、恐惧，这些消极的情绪导致了不良的应对方式。由于父母对晓雨的学习期待很高，对孩子学习上遇到的困难又不能及时发现并解决，再加上母亲经常采用打骂的教育方式，导致晓雨形成了错误的认知行为模式。她渴望友谊，却胆怯、脆弱；她想要好成绩，却焦虑、退缩；她想成为父母的骄傲，却觉得自己"是个无价值的人"。整个咨询过程，咨询师通过4次系统会谈和6次个别咨询，主要采用认知行为疗法和系统合作相结合的方式，帮助"撒谎女孩"成长改变，最终脱下沉重的铠甲，回归真实和柔软，蜕变为自信的"阳光女孩"！实践证明，认知行为疗法对于有一定学习能力和反省能力的小学生也是适用的，当撬动他们的错误的核心信念后，更容易重建新的合理信念。毋庸置疑，系统的支持会加速来访者的成长。

1. 良好的同盟关系是咨询成功的保障

在心理学上，把咨询师和来访者之间建立信任关系，从而有效地开展工作，称为"咨询同盟"。也就是说，心理咨询师必须与来访者建立信任的关系，只有信任的基石牢固了，才能帮助来访者走出困境。本案例中，咨询师与晓雨建立了良好的咨询同盟关系。在咨询中，晓雨的问题行为被关注、被理解、被接纳包容。咨询师的温暖抱持犹如阳光雨露滋润着幼苗的生长。

为了给晓雨营造良好的社会环境，咨询师使用改释的系统干预技术，即重新解释晓雨撒谎背后的原因，为晓雨争取到老师们的理解和支持。当老师们对晓雨的问题行为模式达成了一致的认识时，系统强大的合力就初步形成了。原来是晓雨母亲不合理的教育目的和教养方式，使晓雨形成不合理认知，使她不敢说真话，遇到不会写作业就用撒谎来保护自己。这样，老师们的工作就有了一致的方向。父母也是系统的重要成员，咨询师主动给予父母建设性的意见，并希望他们努力给晓雨积极的力量。

咨询师所有的努力，都是为了建设良好的咨询同盟关系，凝聚系统之力，为晓雨的蜕变提供坚实的环境保障。

2. 系统合作是咨询成功的基础

系统合作中，心理教师、班主任、语数英三科的任课老师岗位不同，工作的重心也不同，但是在帮助解决晓雨的心理困扰和行为偏差等问题时，形成了一个合作互惠的联盟。为了帮助晓雨摆脱学习困境，解决交往问题和撒谎行为问题，老师们合作会谈；商议帮教方案；家庭走访；共同讨论个案概念化。大家在帮助晓雨的行动中不断地相互配合、调整、弥补。这样一个由学校老师组成的工作团队与家庭倾力合作，对晓雨的咨询成效显著。

系统合作中另一个重要的力量是家庭的高度配合，学校老师的家访得到了家长积极有效的支持。"欲孩子改变，必家长先改变"。心理教师与母亲的会谈，促使晓雨母亲主动寻找专业心理咨询师的想法落地，并且母亲也做出了可喜的改变。

3. 认知行为疗法是本案例成功的技术支撑

根据晓雨的独特成长背景和症状表现，咨询师在咨询过程中有的放矢地使用了倾听、共情、积极关注等各种方法建立良好的咨访关系。其中，对晓雨最为有效的当属"认知行为疗法"。晓雨在成长的过程中有很多对自己、对世界、对未来的负性自动思维，这些错误的思维模式让晓雨表现得抑郁。咨询师通过收集典型事件，在晓雨的身上看到了"无价值类"的"思维—情绪—行为"模式，以及不合理的信念，采用了改释技术、三栏表收集典型事件、苏格拉底式提问、认知概念化图表、认知连续体技术、行为实验、记录自我肯定清单等方法。这些方法的合理使用是晓雨得以成功蜕变的关键技术支撑。

（三）督导后反思

1. 整个咨询过程，离不开督导老师的帮助。督导老师与咨询师一起分析案例资料，看到了晓雨撒谎背后的原因。咨询师使用改释的方法，帮助系统成员看到了晓雨的异常行为背后的原因——晓雨需要帮助，需要呵护。这一改释，使得咨询形成了系统合力。另外，通过督导能更加精准地个案概念化，避免咨询师在咨询过程中机械地使用技术应对问题。在具体的咨询环节受阻时，督导老师给予周到而深入的剖析，让咨询师对认知行为疗法有了更加深刻的领会，同时也给了咨询师自我提升的契机。

2. 认知行为疗法还在不断地发展与创新中，而咨询师的学习需要继续全面深入，再加上从理论学习到实践尝试有个磨合的过程，因此本案例中咨询师对这一疗法的运用仍有许多生硬的地方。在识别并矫正核心信念的部分，咨询师探索了与核心信念相关的早期经历并进行处理，"妈妈不满意我的学习，我没有价值"这个部分，咨询师对形成核心信念的消极情绪的处理尚不成熟。如果能够采用角色扮演、格式塔想象对话技术来进行处理，能够更深入地改变其核心信念。

(本案例提供者：江苏省苏州市吴江区同里实验小学　马国英)

案例八

听，抑郁在说话
——抑郁女生咨询个案

一、来访者基本信息

1. 个人基本信息

小恬（化名），本校六年级女生，158厘米，42公斤，面色苍白，偏瘦弱。常穿深色衣裤，有礼貌，说话声音较轻，精神状态比较低迷，无精打采，乏力疲惫，经常哭泣。

2. 主要家庭成员及关系

小恬家里共6口人，和爷爷、奶奶、爸爸、妈妈、弟弟（上小班）共同居住。奶奶很辛苦，要做家务，还要照顾生病的爷爷和年幼的弟弟。小恬爸爸忙于工作，话少且严厉，小恬从小就怕爸爸，看到爸爸很紧张。弟弟出生后，妈妈对小恬的关注明显减少，母女会因争吵而陷入冷战，通常小恬会主动和好。家里人都会要求她懂事，多让弟弟点。

3. 个人成长过程中的重要事件

（1）小恬从小与父母爷爷奶奶同住，因是女孩，不被看重。

（2）6岁时，小恬想参加堂弟生日会，爸爸不同意，用脚踢了她的屁股。

（3）小恬8岁时，弟弟出生，更受冷落，常被要求让着弟弟。

（4）刚进入六年级，参加校外的英语大赛失利，且好朋友因病住院，自己倍感孤单。中秋节放假期间不慎摔了一跤，右肘轻微骨裂，觉得很倒霉。

4. 来访原因

小恬家长找班主任，诉说孩子前阵子参加校外的英语大赛失利，且好友因病住院，她觉得压力大，很孤单；周末又不慎摔了一跤，右肘轻微骨裂，觉得很倒霉。现在小恬情绪低落，爱哭，做什么事都提不起劲。小恬觉得自己有病还很严重，要求家长带自己去医院检查。家长请班主任多关注，班主任推荐小恬前往心理辅导室询求心理老师的帮助。经家长和小恬本人同意，小恬接受咨询。

二、个案概念化

小恬自述进入六年级，学习压力大，父母对自己关心一直很少，好朋友住院后，自己很孤单，情绪低落，做什么事都提不起劲，容易哭，睡眠不好，难以入睡，每天睡眠时间为3—4小时，食欲尚可。在小恬主动要求下，家长陪同小恬到三甲专科医院就诊，诊断结果为青少年情绪障碍。

工作诊断：小恬为轻到中度抑郁。

小恬轻到中度抑郁的促发因素为：（1）进入六年级，学业难度增大，压力倍增，参加校外的英语大赛失利，受挫折。（2）好朋友因病住院，小恬倍感孤单。（3）中秋节放假期间，小恬不慎摔跤，右肘轻微骨裂，觉得很倒霉。在这些事件的叠加影响下，"别人不喜欢我""我不能胜任，我是失败的"等适应不良的自我认知图式被激活。小恬以往采用的以乖巧懂事、委曲求全来保护自己，回避退缩等应对策略不再管用，她体验到自责、伤心、害怕、担心等负面情绪，行为上更加回避退缩、消极抵抗，这样做并没有真正帮助她改善在家和在学校的处境，困难反而越来越大。小恬的核心信念是"我不可爱"，这和她的早期经历有关，因是女孩，她出生后就受到家人的忽视，弟弟出生后，大家对她的关注更少了，弟弟才是受宠的孩子，家里长辈都要求她让着弟弟。

小恬的认知概念化图如下：

相关早期经历
小恬一直受到家人的忽视。弟弟出生后是受宠的孩子，大家对她的关注更少了。家里长辈都要求她让着弟弟。

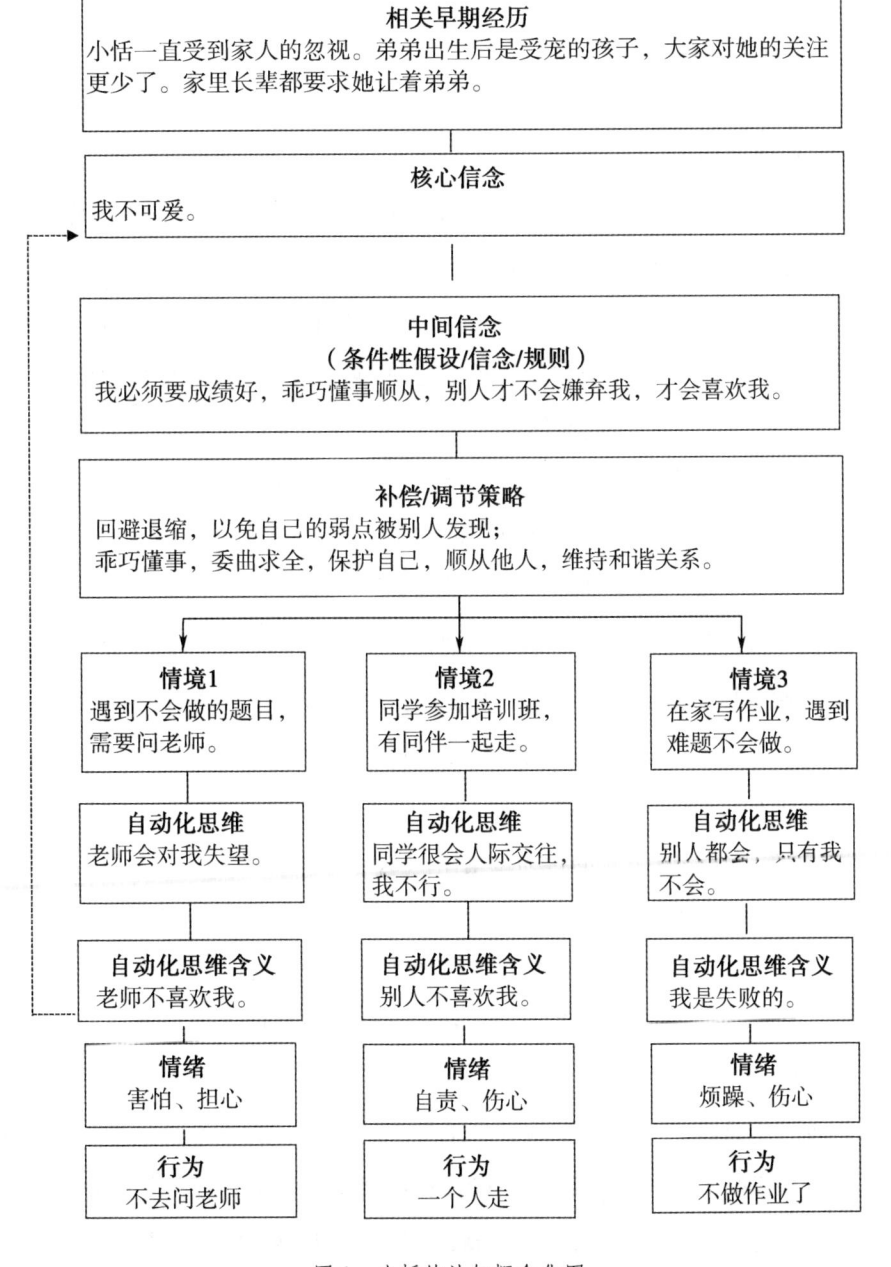

核心信念
我不可爱。

中间信念
（条件性假设/信念/规则）
我必须要成绩好，乖巧懂事顺从，别人才不会嫌弃我，才会喜欢我。

补偿/调节策略
回避退缩，以免自己的弱点被别人发现；
乖巧懂事，委曲求全，保护自己，顺从他人，维持和谐关系。

情境1	情境2	情境3
遇到不会做的题目，需要问老师。	同学参加培训班，有同伴一起走。	在家写作业，遇到难题不会做。
自动化思维 老师会对我失望。	**自动化思维** 同学很会人际交往，我不行。	**自动化思维** 别人都会，只有我不会。
自动化思维含义 老师不喜欢我。	**自动化思维含义** 别人不喜欢我。	**自动化思维含义** 我是失败的。
情绪 害怕、担心	**情绪** 自责、伤心	**情绪** 烦躁、伤心
行为 不去问老师	**行为** 一个人走	**行为** 不做作业了

图 1 小恬的认知概念化图

三、咨询方案

(一) 理论依据

1. 认知行为疗法。认知行为疗法是一种结构化、短程、着眼于现在，用以解决当前问题，并矫正功能不良的想法和行为的一种心理咨询流派。认知行为疗法认为，功能不良的思维在所有的心理障碍中是常见的，当人们学会用更加现实和适应的方法来评价自己的思维时，情绪状态以及行为都会有所改善。为持久改善来访者的情绪和行为，心理咨询师会在更深的层面（来访者关于自己、世界和他人的最基本的信念）对认知进行工作，识别并矫正中间信念、核心信念，以期产生更加持久的改变。

儿童和青少年中的抑郁障碍是比较常见的，会反复发作并带来损害。儿童和青少年抑郁急性干预的临床准则建议使用抗抑郁药物、心理治疗，或者两者都用，而其中被研究得最透彻的心理治疗方法就是认知行为治疗（Birmaher et al., 2007）。相比于其他疗法，认知行为治疗有着最为坚实的实证基础来支持它对儿童抑郁的疗效。

2. 系统合作。青少年的行为或情绪问题常常与家人关系、家庭功能高度相关。文献研究表明家庭结构、父母社会经济地位、性别等静态因素，可作为一种评估指标，基本上不可能通过辅导手段加以改变；家庭气氛、父母婚姻关系、教养理念、教养方式、亲子关系等动态因素可以通过辅导调整，直接或间接改变青少年。

学校系统是除家庭之外影响青少年最深的来源，随着学龄的增加，青少年受到学校影响的比例越来越高，在青春期会超过家庭，成为影响最大的来源。其中，与学校的关系、在学业方面的自我效能感、同学关系及师生关系为影响青少年的 4 项主要因素。

因此，除了对小恬进行个体咨询，咨询师还启动系统合作，与小恬的班主任、任课老师、父母取得联系，形成了一个合作团队。在这个团队中，关爱小恬的成人达成共识，做好分工，保持沟通，持续努力，追踪进展。

（二）咨询目标

1. 问题清单：

（1）情绪低落。

（2）进入毕业班，学习压力增大。

（3）人际交往时自我贬低，回避行为多。

2. 咨询目标：

（1）能调适自己的情绪，增加积极的情绪体验。

（2）在学习及考试中能运用问题解决策略。

（3）减少自我批评，和他人建立良好的人际关系。

四、咨询过程

（一）对小恬的个别咨询过程及技术

1. 初始会谈：评估会谈。收集与小恬有关的重要信息，如人口统计学资料、目前的问题、促发的事件、现在和过去的应对策略、药物使用史、成长史、家庭状况等，作出初步诊断；通过倾听、共情等方式，和小恬建立良好的咨询关系；会谈中，心理咨询师发现小恬的认知领悟能力较好，引导小恬了解并进入 CBT 的咨询框架，每周固定时间进行一小时会谈，会进行心境检查、设定每次会谈的目标、讨论想要处理的问题、布置家庭作业等；识别目前困扰小恬的主要问题是情绪低落，设定总体目标为调节情绪。结束前询问小恬是否还有不愿意告诉心理咨询师的信息，小恬表示没有。

2. 首次会谈：继续与小恬建立良好的咨询关系；讨论当前面临的主要问题分情绪、学业、人际交往三部分，建立目标清单，学会调节情绪的同时，还要提升学习能力，以交到更多朋友；进行心理教育，首次使用三栏表，小恬回忆有一次课间和同学玩,大家聊到了老师上课讲的内容,她没怎么听懂。心理咨询师询问她当时在想什么,小恬认为同学们比她聪明多了。心理咨询师引用小恬的原话,让小恬意识到有了这个想法以后,自己的情绪是很难过的。这是第一次引入自动思维的概念,小恬的接受能力较强,能理解;继续收集信息,进行初步的个案概念化;布置家庭作业,留意自己遇到事情以后头脑中的想法;总结并引出反馈。

3. 第2—3次会谈:使用三栏表收集引发小恬典型消极情绪的事件,帮助小恬区分事件、想法和情绪之间的关系,认识到消极情绪的产生,关键不是事件本身,而是对事件的认知评价。通过分析讨论,小恬开始看到自己的认知模式,总是倾向于批评自己,并且夸大对自己不利的部分,她意识到这是让她情绪低落的重要原因,只有对自己的认知模式进行改变,才有可能改善情绪。

4. 第4—5次会谈:评估情绪,使用苏格拉底式提问评价自动思维,识别并矫正认知偏差。(小恬的典型认知偏差表现为读心、主观推论、心理过滤。表1是小恬的思维改变记录)同时教给她问题解决技术,布置家庭作业,进行行为实验,从而帮助小恬解决当前面临的现实问题。

表1 小恬的思维改变记录

情境	自动思维	情绪及其强度	评价自动思维	结果/变化
遇到不会做的题目需要问老师。	看到我不会做题,老师对我很失望; 老师单独给我讲题,发现我有其他不会的题,我觉得老师会认为我很差,我觉得老师会很伤心; 如果我还是不会,老师会生我的气; 他生气以后就不想再教同学了,其他同学也会生我的气。	害怕(90) 担心(80)	老师很期待同学问问题,很愿意解答,还会帮同学找出不会的点,有针对性地讲解;单独问问题的同学,都没有被老师批评过,老师很耐心;其他同学也不会生气。我可以去试试问问题。	害怕(40) 担心(40) 有不会的题目就直接去问老师,自己不要想太多。

续表

情境	自动思维	情绪及其强度	评价自动思维	结果/变化
周末,有个同班同学参加早上、中午、下午三个培训班,每次都有同伴一起上下学。	她很会人际交往,走到哪里都是热热闹闹的。我只认识她一个,她和其他人都很熟,我加不进去的。即便我加进去了,讲了几句话就没话讲了。跟她比起来,我认为我不行。	自责(80) 伤心(70)	虽然我只有一个好朋友,但和班级里同学相处都不错,没有特别不好的地方。如果我主动加入,和她们一起走,大家都会同意的。也不一定要讲很多话,没话说听着也行了。	自责(40) 伤心(30) 少纠结,直接表达和行动。

用苏格拉底式提问评价一个自动思维的对话过程:

咨询师:你说她很会人际交往,走到哪里都是热热闹闹的。你见过她一个人走的时候吗?

小恬:见过,她有的时候是一个人走的。

咨询师:如果你相信你的自动思维,会有什么影响?

小恬:我就会觉得别人特别厉害,自己很差。

咨询师:识别自动思维,然后对它们加以评估,就会发现想法是不对的,你现在情绪怎么样?

小恬:我感觉好一点了。

解决"题目做不出来"问题的对话过程:

咨询师:你刚才说在家里做一道题目,做不出来。你找到了自己的自动思维,还发现自我批评以后,很烦,不想再写作业了。这是非常大的进步,说明你的领悟能力很强。当你看到这些以后,做了些什么事情呢?

小恬:因为太烦了,我先去阳台溜达一圈,又去客厅找了点吃的。

咨询师：非常好，你用了转移注意力的方法。然后呢？

小恬：我重新坐下来，读题，把关键的信息圈了一下，在不会的地方打问号，但是我还是不会做，我觉得自己好差劲，情绪又不好了。

咨询师：你做了很多努力，你打了几个问号呢？

小恬：1个。

咨询师：你知道这个问号所对应的知识点吗？

小恬：知道，但是不太清晰。只要稍微变一变形式，我就糊涂了，以前也遇到过类似的情况。

咨询师：我记得有些课外辅导资料上会有一张比较全面的思维导图，涵盖了某个章节或某册书的所有知识点，还能让大家看到知识点之间的联系，对有变形的知识点，也会有单独的讲解。你有这样的辅导资料吗？

小恬：有的，我们老师也说过，做数学题时，要先把知识点串起来，把不会的点反复研究，研究不出来再去问老师。

咨询师：你自己能研究出来吗？

小恬：我试了，研究不出来。

咨询师：那你打算去问老师吗？

小恬：我可以去试一试。

咨询师：好，这次的家庭作业就是去问老师问题。

小恬：好。

5. 第6—7次会谈：反馈家庭作业完成情况，小恬说自己去问老师问题了，第一次问了以后，老师表扬她能找出自己不懂的地方，主动提问，还鼓励她多问。所以她又问了一次，感觉向老师问问题也没什么，而且老师讲得很清楚，自己一听就懂。会谈过程中，小恬的音量比之前大，语速有所加快，评估小恬情绪较好，使用认知概念化图表和箭头向下技术识别中间信念。继续使用苏格拉底式提问、认知连续体等认知技术，针对中间信念进行矫正。

识别中间信念的对话过程：

咨询师：妈妈不同意你玩手机，说别人成绩好的时候，你脑子里是什么想法呢？

小恬：我的想法是别人那么好，你就和她去过呗，但是不敢对她说。

咨询师：如果对妈妈说了，会怎么样呢？

小恬：妈妈会不理我。

咨询师：妈妈不理你了以后会怎么样呢？

小恬：冷战。

咨询师：冷战以后呢？

小恬：我会主动去和妈妈和好。

咨询师：不和好的话，会怎样？

小恬：妈妈会觉得很失望。

咨询师：妈妈觉得失望，对你意味着什么？

小恬：意味着我很没用，不会搞好关系，是个废物。

矫正中间信念的对话过程：

咨询师：你的意思是"如果妈妈对你失望，就意味着自己没用，是个废物"，是这样吗？

（小恬点头，有点不好意思。）

咨询师：我看出来你自己都有点不好意思了，你是觉得说得有点过分吗？

小恬：是的，我把自己说成废物有点过分了。

咨询师：这是一个黑白思维。如果妈妈对你失望，意味着她对你不满意，意味着你没有做好。假定最有用的人是 100 分，废物是 0 分，妈妈不满意的时候，你给自己打多少分？

小恬：50 分。我还是有用的，只是不够好。

咨询师：你做了一件事情，让妈妈不满意了，你觉得自己在做这件事情的时候，有什么优点吗？

小恬：有，每次妈妈不满意的时候，我都替妈妈考虑，然后都是我去想办法，主动和妈妈和好。

咨询师：看到自己的这些优点，你给自己打多少分？

小恬：70—80分。

咨询师：我们来回顾一下刚才做的事情，先识别了一个黑白思维，妈妈失望——我是废物。当识别出来的时候，你就立刻意识到了它的错误，然后我们用打分的方法，明白了每次妈妈不满意的时候，自己有不够好的地方，也有很多好的地方，你还是很有用的。

6. 第8次会谈：继续评估小恬情绪，状态比较稳定，在前面7次咨询的基础上，将重要事件—自动思维—情绪以及相对应的中间信念进行汇总，识别矫正核心信念。咨询师分析了"别人不喜欢我""我不能胜任，我是失败的"等适应不良信念形成的相关经历，进行了认知重塑，让小恬看到"我做事很努力，我会画画，我喜欢学习""我对人友善、做事努力""弟弟喜欢我"，逐步矫正"我不可爱"的核心信念。同时，和小恬讨论，在没有咨询师帮助时，如何应对困难。小恬认为可以运用已有的经验，也提出可以使用在咨询中学到的又在生活中验证了有效的方法，她感觉很有信心。结束咨询后，在家庭作业中配合"自我肯定清单"，重点强化小恬对自身积极优势的发现与肯定。见表2。

表2 小恬的自我肯定清单

我对周围人很友善，很真诚。
我做事很努力，很认真。
我对弟弟很关心，大家都喜欢我。
我喜欢学习，愿意以班级中优秀的同学为榜样，激励自己。
我画画很好，在学校漫画比赛中获奖。
……

7. 第9次会谈：两周后跟踪随访。小恬对自己的认知模式进行了总结，

认为最大的改变是少了很多对自己的批评。有时意识到又开始批评自己时,能自我矫正。平时,小恬会有意找一些事例进行新行为的练习,效果比较好。她还反馈,在家里,家人对她的态度发生了很大改变,尤其是爸爸,和她的沟通交流多了很多;妈妈也能站在她的角度看待问题了,这让她非常惊讶;原来不太能接受爷爷奶奶的言行,现在感觉到他们也是很爱自己的。在班级中,和老师、同学的交流多了,还多了两个谈得来的朋友,好朋友病好后回校上课了。整体看,她得到了比较多的积极反馈,因此情绪比较饱满。

(二) 与小恬支持系统工作

1. 校内系统合作

(1) 心理教师与小恬的班主任会谈

班主任非常关心小恬,主动向心理教师寻求帮助。在班主任眼中,小恬乖巧懂事、安静听话,学习成绩中等,虽然好友只有一两个,但与其他同学相处都很好,从不惹是生非,属于让老师很省心的孩子,和她家长的沟通交流也很顺畅。好端端的一个孩子,怎么就抑郁了呢?疑惑之余,也有些自责,觉得自己是不是做错了什么。

在会谈中,心理教师发现班主任有压力。一方面,她对抑郁症不了解,和其他任课老师一样,不清楚接下来该用怎样的方式对待小恬,感觉拿捏不准相处时的分寸,就怕哪句话说重了,孩子受不了。另一方面,她担心其他学生受影响,目前班级中已经有几个女生也陆续向她表达了情绪欠佳的情况。

心理教师充分肯定了班主任已经做的工作,对班级中每个孩子都非常了解,家校工作开展得富有成效,与学生及家长的关系融洽。关系大于教育,这为后续开展工作奠定了良好基础。

针对班主任内心的自责,通过找出自动思维,再用苏格拉底式提问让班主任看到小恬生病并不是因为她的错,其他老师也不知道该怎么做。她已经做了很多了,比如这段时间,面对小恬学业上的些许退步,班主任不但没有批评,反而经常安慰小恬,还让其他同学悄悄地关心她,下课多和她玩。这些点点滴滴的温暖，是她对小恬最好的支持。

心理教师还和班主任探讨为了更好地帮助小恬，可以请哪三个人帮忙，做哪三件事。班主任很快想到心理教师、任课老师、小恬父母是重要的同盟军成员。除了找心理教师帮忙，自己还可以通过阅读书籍增加专业知识，加大与小恬父母联系的力度，必要时进行家访……看到还有不少办法，可以做不少事情，班主任显然松了口气。

（2）来自班主任的爱与智慧

班主任是一个特别有爱，又认真负责的老师，她和孩子相处时间长，举手投足间，都对孩子产生了影响。和心理教师一番畅谈后，她非常用心地做了大量的有效工作，不一一枚举，摘录一封信，窥斑见豹。

班主任写给孩子的一封情真意切的关爱信：

亲爱的孩子：

当我接过你妈妈递来的诊断书，看到清晰的印刷体："青少年情绪障碍"，瞥见你妈妈满是憔悴的倦容，我的眼前立即浮现出你的样子：在第四排靠墙那一小角，你苍白的一张小脸，把自己裹在黑色的大外套里，安静地趴在桌子上，浑身透露着孤独无助。

几天前在温暖的办公室里，你眼眶含泪，表情却无比平静地倾诉自己在家里感受到的烦恼、失望、伤心。你仿佛在说着别人的事情，那样地轻描淡写，悄然滑落的泪珠却深深刺痛了我的心。你知道那一刻我有多心疼吗？

孩子，日月星辰的轮转、潮涨潮汐不会因我们的意愿而改变，它是人生之大自然，生活也是一样。每个人在成长的过程中都会遇到这样那样的问题，这很正常。你会怎么应对它呢？避而远之，让它成为你人生永远绕不过去的大山吗？还是埋头哭泣，让阴霾遮蔽一直照耀大地的阳光？

亲爱的孩子，感谢你对我如此信任。我希望你学会真实地思考和分析，能发自内心地欢笑，也可以自由流淌无法遏制的眼泪。再坚强的人，都有脆弱的时刻，想哭就哭，想笑就笑，不想哭不想笑时就板着脸，不用管别人的目光，做真实的自己就好。

和你分享普希金的一首诗，《假如生活欺骗了你》：

假如生活欺骗了你，不要悲伤，不要心急！忧郁的日子里需要镇静：相信吧，快乐的日子将会来临！心儿永远向往着未来；现在却常是忧郁。一切都是瞬息，一切都将会过去；而那过去了的，就会成为亲切的怀恋。

老师希望你能明白，这个世界尽管有不如意的地方，可以难过，也可以悲伤，但请记得，也有很多美好的人或事值得你去期待。你的同学在等着你，你父母在等着你，还有我，你的班主任在惦念着你，默默地关注着你的喜怒哀乐……希望和你心相连，并肩同行，抵抗人生的寒冷和苦闷，分享生命中的喜悦和幸福。

总有一片云彩是属于你的灿烂，衷心祝福你。

爱你的老班

(3) 心理教师开展班级和小组团体辅导

在班会课上，心理教师给小恬班级进行了一次团体心理辅导《我的情绪我做主》，在愉快的暖身活动"抓手指"游戏中，学生体验了自己的情绪变化；创设了几个学生日常生活中常见的情境，如父母整天唠叨学习，考试特别难，自己觉得笨，没有同学学得快等。学生很快理解对同一件事情不同的看法，会带来不同的行为和情绪体验，也会带来不同的结果；调整认知后，学生也分享了自己在日常生活中常用的调节情绪的方法。众人拾柴火焰高，在轻松愉快的活动、交流中，大家互相启发、碰撞，同龄人间的交互作用发挥得淋漓尽致。

心理教师还抽时间，对几个之前表示情绪低落的学生进行了同质性小组心理辅导。约定了为彼此保密后，大家敞开心扉，坦诚相见，倾吐心声，直面学习压力，直击人际关系问题，畅所欲言。同时，他们也留意到身边小恬的变化，表示能理解小恬的处境，很愿意做小恬的小天使，用小恬能接受的方式，不着痕迹地去帮助她，让她既感受到同学的温暖，又不觉得自己是

"另类"，得到的是特殊照顾。

（4）来自同龄伙伴的善良与接纳

孩子们的善良，真如荷叶上晶莹的珍珠般闪亮。一段时间后，陆续收到了小天使们的反馈：

小天使 A：体育课上有两两分组活动，大家都快速和自己的好朋友抱在一起，我本来想找好朋友的，但是看到小恬一个人在边上看着大家，我就走过去问她能不能和她一组，她马上同意了。我拉着她，又去找我的好朋友，大家靠在一起。看得出来，她还是很想和我们一起玩的。

小天使 B：小恬有道题不会做，课间的时候，她拿着笔想订正，但是不知道怎么写。我凑过去看了一下，正好她做错的步骤，也是我犯错的地方，老师刚教我，所以我就告诉她应该怎么做。她很感谢我。

小天使 C：午间很多同学出去玩了，我和几个值日生在教室打扫卫生。看到小恬一个人在座位上发愣，我请她帮忙一起摆课桌，我们说说笑笑，教室打扫得很干净，我还告诉值日班长小恬主动帮忙了，班长把这件事记录在班级日志上。

小天使 D：今天小恬和我吐槽，说她的奶奶偏爱堂妹，觉得堂妹样样比自己好，自己连个地都扫不干净。我也和她吐槽了自己的外婆，我弟弟调皮捣蛋犯错误都可以，我实在看不下去，凶一下弟弟，外婆就要去帮弟弟。小恬说在她家也这样，然后我们一起吐槽。

2. 家校系统合作

（1）班主任对小恬家长的普适性指导

班主任和小恬的父母进行很多沟通，除了常规的每日学习情况反馈，班主任把心理教研组提供的科普宣传手册内容、视频资料分享给家长，考虑到家长的文化程度不高，还把自己的学习心得和家长交流，做普适性指导。六年级后学习任务加重，生病后小恬成绩有下滑现象，家长想让小恬保持原来的水平，不免焦躁。班主任耐心劝说：如果一个人得了肠胃炎，会拉肚子，没人会要求他用坚强一点的方式不拉肚子。心理生病了，却要求当事人勇敢、坚强、阳光，假如他能够做到，还会生病吗？做通家长的思想工作后，他们对小恬的学习要求降低了。

再如，班主任告知家长，平时如何安慰孩子，少做劝解和评判，如"想开点""振作起来就好了""事情总会过去的""不经历风雨，怎么见彩虹""你为什么这么脆弱""不要矫情了"等，而是以陪伴和倾听为主："我就在你身边""我在意你""虽然我帮不上你，但我支持着你""把你内心的感受告诉我""我怎么做，会让你感觉到好点呢"。虽然家长一段时间很难完全做到，但是从孩子的反馈来看，他们已经有比较大的改变了。

一段时间后，家长又向班主任求助，他们的苦恼是，现在大人在家小心翼翼，就怕哪里做得不符合小恬心意了，又让她一个人锁在房间里偷偷哭。家长特别想知道这种情况下怎样能有效地帮助、支持小恬，班主任找不到好办法，再次请心理咨询师出主意。

（2）心理教师、班主任、小恬家长间的一次会谈

征得小恬同意后，心理教师和小恬的父母、班主任在学校进行了一次会谈。

会谈内容节选：

爸爸：现在我们在家也不知道怎么对她合适。到吃饭时间了，她还在写作业，说先把作业写完再去吃饭。我听她的，妈妈不同意，说她情绪太低落，要多关心，一定要按时吃饭、按时休息。我和她妈妈两个人说话声音大了一点，孩子就把门一关，不出来了，家里气氛又立刻不对了。

妈妈：我一直在看她的脸色，猜她心情怎么样，经常想要不要去关心一下，怎么使她心情变好。但是她经常沉默，一沉默，我更不知道怎么办了。

心理教师：虽然爸爸和妈妈都在说着无奈，不知道怎么办，可是我真真切切地感受到了你们对孩子的爱。听起来你们俩的意见不一致，但都是希望孩子能高兴一点，身体好一点。我相信，孩子是懂得的，只是不一定说给你们听。

爸爸：是的，我和她妈妈在知道她生病后，心里很难过，觉得对不起她。特别是弟弟出生以后，家里事情多，我们真的把她当大孩子看，经常对她说姐姐要做榜样。我和她的沟通交流本来就很少，现在想和她说，也不知道说什么。真的不知道她到底在想什么。

班主任：小恬也和我说过，以前爸爸和自己的交流很少，现在她感觉好多了，她知道爸爸是关心自己的，但是有时候感觉关心不在点上。

爸爸：确实是的，对孩子真的不了解，我是要多改变自己。

妈妈：孩子和我话多一些，但是现在我和她说话，她要么不回答，要么回答得很敷衍。晚上写作业辛苦，我给她准备些水果，她也不吃。问她为什么，她说心情不太好。我再问她，又没有让她干什么，有什么心情不好的？她就不说了。

爸爸：她不想说话，你就不要逼她了，你有时候话太多，她肯定嫌烦。

妈妈：我就是不知道呀，我们又没做什么，她就老说要静静。我多问了几句，她爸爸又要说我。

心理教师：妈妈很用心，生活上细心照顾，爸爸也在努力改变自己。也别急，你们的心意，孩子一定能感受到的。

妈妈：嗯，这倒是真的，她不和我多说，但愿意发微信说谢谢我们，这段时间给了她很多细心的照顾，她感觉到温暖和关心。

心理教师：是啊，孩子有自己的表达方式，她心里清楚着呢。你们也不用急，就给她点空间，默默陪伴支持就好。

班主任：可怜天下父母心，最着急的就是父母了。不过你们也别急。小恬肯说的时候，你们就多听听她的想法，不想说就不说，你们该散步就还去散步，该照顾老二就继续照顾。以我对小恬的了解，她那么懂事听话，给她一段时间，给她一些空间，她还是能调整好的。

心理教师：嗯，在心理辅导室里，小恬还是很愿意表达，也有很多话对我说，目前看来，她的状态比较好。当然，我也答应为她保密，很多内容我就不转达给你们了。我就提三点建议：首先，你们照顾好自己的身心状态，调整好自己的情绪，你们心平气和，情绪稳定，就是孩子的靠山。第二，给小恬做出明确的承诺，"不管你发生什么事，我们一定会陪在你身边"，这点你们已经在用行动表达了，小恬是能感受到的，要用语言表达出来，爱也需要说出来。第三，提醒小恬按时把医生开的药吃了。

爸爸：谢谢两位老师，你们说得很对。你们不仅关心老大，也让我们家长心里有谱多了，在家就按老师说的三点做。

心理教师：这时候小恬最需要的就是你们的温暖支持了。说起来容易，过程很难，爸爸妈妈之间也需要彼此安慰、支持。

妈妈：是的，这次孩子生病，坏事变好事，我们家里确实更团结了，我们夫妻心平气和地商量讨论的时间多了，弟弟也一下子长大了不少，知道要主动关心姐姐，说的很多话让我们很感动。

班主任：一家人这么爱小恬，相信她能很快好起来的。家校继续保持密切联系，我们共同努力。

妈妈：谢谢老师们，我们一定会努力的。

五、咨询效果与反思

（一）咨询效果

从开始咨询到结束三个月后，小恬的抑郁状态逐渐减轻，笑容重新挂在她的脸上，同学间相处比较愉快，也增加了几个好朋友。爸爸妈妈的改变是明显的，教育方式发生了改变，这给予孩子温暖的支持。爱是最好的良药，她最终顺利完成学业，各科成绩都在良好以上。毕业画展上，她还展出了她的几幅画；作为学生代表，她还发了言。

（二）咨询反思

1. 对咨询目标的思考与分析

本案例中，咨询目标达成度比较高，有三方面原因。

（1）小恬的咨询动机充分，自身有较好的认知领悟能力，对咨询师的依从性较高，能积极投入咨询过程，认真完成咨询师布置的家庭作业。

（2）小恬的父母在看到孩子生病后，在生活上给予了小恬更多关心，在学习上降低了对她的要求，爷爷奶奶也改变了态度，调整了说话方式。这些改变让小恬感受到了家庭的爱和温暖。

（3）遵循保密原则，让班主任多关注、肯定、鼓励、支持小恬，适当降低对她的学习要求。班主任联合任课老师，默默做了很多工作，润物无声。参加小组团辅的班级同伴们也化身爱心小天使，用各自的方式，悄悄帮助小恬。涓涓细流汇成爱的溪流，滋润小恬受伤的心田。

总体来说，在这个案例中，小恬个人的努力，再加社会支持环境（家庭、朋友、老师及同学）比较积极，所以咨询效果比较好。

2. 对咨询过程及技术的思考分析

在这个案例中，学业压力的增大，好朋友因病住院，父母情感支持的缺失，再加上假期中不慎摔跤造成轻微骨裂，这些因素叠加在一起，适应不良的自我认知图式被激活，小恬无法采用有效的应对策略，情绪低落、抑郁。

按照认知行为疗法的标准流程，在初始阶段，咨询师制订计划，和小恬建立良好关系，收集信息，合作制定咨询目标。小恬投入度高，依从性好。在咨询过程中，咨询师教会小恬与认知、行为、问题解决相关的技术，不断强化认知模型，小恬的领悟能力比较好，也有比较好的行动力，情绪状态得到调整和改善。在用箭头向下技术探寻小恬的核心信念"我不可爱"时，小恬的内心深处还是觉得父母是爱自己的，这是非常重要的因素。同时，家人发现她抑郁后，做出了很大的改变，父亲和她的交流多了，母亲开始关注她了，爷爷奶奶也变化了，让她感受到长辈们的爱、家庭的温暖。结束咨询前，咨询师和小恬回顾了咨询过程中所学到的东西，讨论了自助计划。整个咨询中，咨询师都有意识做防止复发的工作。

值得一提的是，在这个案例中，系统发挥了自组织功能，当偏离平衡状态的信息被感知后，引发了一系列调控行为。如当咨询师给小恬班主任比较有力的支持后，班主任从最初的慌乱中镇定下来，并开展了一系列创造性的工作。她如同定海神针，让身处情感的波涛骇浪、眼看就要被淹没的小恬有了抓手，并逐步稳定下来；也如同温暖灯塔，给焦虑茫然、束手无策的家长指引了方向，并积极探索前进。再如当咨询师对小恬所在班级进行整班和小组团辅以后，一个个善良的孩子，宛如一道道微光汇聚成灿烂光芒，让小恬感受到友谊带来的幸福和希望。系统自发形成了更具适应性、更良性的改变，这些积极的改变让小恬感受到被关注、被呵护、被喜欢，重建了她的自我认知，自我认同悄然形成。

通过这个案例，咨询师对青少年抑郁有了一个新的认识，相比成年人，青少年可塑性更强，功能不良的想法和信念在识别并矫正后，能较快调适。同时，要用好家庭和学校系统的资源，家人的关爱、老师的支持、同龄人的陪伴，是抑郁症青少年得以恢复良好社会功能的重要因素。

3. 督导后的思考

（1）在咨询过程中，咨询师真正理解了"理论联系实际"的意义。通过认真阅读相关书目，反复听课程录音，做好理论储备。在心理辅导室中，咨询师努力按标准流程一步一步走。同时，咨询师也意识到自己在工作中对理论的运用还不够熟练，还要不断在实践中慢慢提高。

（2）在咨询过程中，督导师的保驾护航是非常重要的。督导师不仅答疑解惑，还敏锐地告知咨询师没有意识到的盲点。在督导师的帮助下，咨询师能有效发现问题并把问题具体化，对概念化问题的产生，能设计纠正问题的方案。

（本案例提供者：苏州市工业园区星澜学校　苏志芳）

参考文献

［1］［美］John J. Schmidt. 学校心理教师工作指南（第三版）［M］. 孙菲菲，等译. 北京：中国轻工业出版社，2013.

［2］赵文滔等. 给专业助人者的系统合作完全手册——一起陪孩子找幸福［M］. 台北：张老师文化事业股份有限公司，2021.

［3］［美］维吉尼亚·萨提亚，约翰·贝曼，简·格伯，玛丽亚·葛莫莉·萨提亚. 家庭治疗模式［M］. 北京：世界图书出版社，2017.

［4］［德］安德雷亚斯·弗利斯泽尔，德瑞·史汶. 系统式心理治疗工作手册［M］. 上海：华东师范大学出版社，2020.

［5］刘稚颖，吴继霞，李鸣. 心理咨询与治疗的案例评估和分析［M］. 北京：中国轻工业出版社，2019.

［6］［美］克拉拉·E. 希尔（Clara E. Hill）. 助人技术：探索、领悟、行动三阶段模式（第3版）［M］. 胡博，等译. 北京：中国人民大学出版社，2019.

［7］吴增强. 探寻优秀与卓越——心理老师成长之路［M］. 上海：华东师范大学出版社，2021.

［8］吴增强. 医教协同——构建中小学生心理健康服务体系［M］. 上海：上海科技教育出版社，2020.

［9］吴伟红. 有一种幸福叫成长［M］. 福州：福建教育出版社，2015.

［10］［美］Judith S. Beck. 认知疗法基础与应用（第二版）［M］. 张怡，等译，王建平审校. 北京：中国轻工业出版社，2013.

［11］［美］Judith S. Beck. 认知疗法进阶与挑战［M］. 陶璇，等译，王

建平审校. 北京：中国轻工业出版社，2014.

［12］［美］B. A. Turner. 沙盘游戏疗法手册［M］. 陈莹，姚晓东译. 北京：中国轻工业出版社，2016.

［13］赵玉萍. 一沙一世界［M］. 武汉：武汉大学出版社，2012．

［14］［美］卡巴尼斯等. 心理动力学个案概念化［M］. 孙铃，等译. 北京：中国轻工业出版社，2020．

［15］［美］Jacqueline B. Persons. 认知行为治疗的个案概念化［M］. 李飞，刘光亚，位照国译. 北京：中国轻工业出版社，2019.

［16］［德］吕迪格·雷茨拉夫. 游戏空间——儿童和青少年心理问题系统治疗（第 1 版）　［M］. 余萍，李雪，洪彦译. 北京：人民邮电出版社，2021.

［17］何妍，俞国良. 积极推进我国学校心理健康服务及体系建设［J］. 小学心理健康教育，2021（4）.

后记

寻找学校个案咨询的疗效因子

2004年10月,我通过了国家二级心理咨询师考核,拥有了心理咨询的专业资格。2006年,成为学校专职心理教师。学校的心理课程、心理活动不断丰富,而个体心理咨询一直是我的软肋。为了提升咨询能力,我自费参加了不同心理疗法培训课程,有认知行为疗法、人本主义疗法、沙盘游戏疗法、系统式家庭治疗等,自认为掌握了一些个别咨询理论和技术。同时,也争取到了学校领导支持,心理咨询室布置得很温馨,添置了沙盘,每天中午定时对学生开放。前来咨询的学生并不多,我主动出击,约学生进行访谈,一时间,心理咨询室比较热闹。但面对少数被班主任推荐前来的有行为偏差或心理困扰的学生,我才发现现实咨询与培训所学相去甚远。

最让我有挫败感的是一个四年级男生小A,这个三年级转来的单亲家庭男孩,一直暗中搞破坏,让班主任焦头烂额。作为心理教师,我责无旁贷,和小A展开面询。按照培训规范,做好咨询设置,每周固定一次50分钟咨询,得到小A、他的妈妈及班主任的支持。小A每次准时来咨询室,我采用沙游疗法。他在咨询室得到咨询师无条件的关注,满足了安全感的需求。经过心理咨询,整个学期,他的学习状态良好,破坏行为减少甚至消失,班级氛围良好,小A妈妈和老师甚是欣慰。学期末,结束十次咨询,我向小A妈妈提出建议,让小A扩大交友圈,丰富家庭生活,小A妈妈口头答应了。进入五年级,还是原来的任课老师,还是原来的同班同学,小A在班上却表现出更大的破坏力。我进一步了解了情况,发现问题根源还在小A妈妈的教育方式上,她没有走出婚姻结束后的阴影,与儿子过于黏连。家庭互动模式不改变，让孩子保持持续改变的可能性微乎其微。考虑到时间和精力有限，我要为更多有需要的学生进行心理服务，于是给了班主任一些建议，让她进一步跟进。随着小 A 进入青春期，逆反心增强，行为更加偏激，妈妈无力管教，班主任也失去信心。最后由校长室出面训诫谈话，学期结束后，妈妈选择转校。

这个咨询曾历时大半个学期，有十次详细记录，也算一个比较成功的咨询案例，结果却令人失望。这让我对小 A 有歉疚感，也让我对学校心理咨询失去信心。

另一个印象深刻的个案，是二年级男生小 B，我一共工作了三次。第一次，开学第一个月，小 B 妈妈向班主任寻求帮助，带着爸爸前来咨询。我当时利用放学后的时间，先做了一次会谈。班主任说了小 B 在各学科上的主要表现，反馈做得好的地方，也指出小 B 存在情绪容易激惹、作业磨蹭拖拉两个问题。妈妈说了家庭情况，小 B 是二宝，在家也存在班主任提到的两大问题。通过循环提问，我引导妈妈看到家庭互动模式：二宝被家长忽视，他用发脾气来引起关注。而妈妈因为爸爸没有给予支持，回家后容易生气，教育二宝常带着情绪。当父母看到这个互动模式，妈妈很受触动，主动表示今后要先管理好自己的情绪，爸爸也很动情，表示要多理解妈妈的辛苦。班主任表示看到小 B 的内心渴求了，会和任课老师沟通，当小 B 处于情绪冲动中时，多一些理解和包容，也可以冷处理。第二次工作时，父母反馈小 B 情绪管理方面有好转，但写作业还是磨蹭。再次通过循环提问，父母明白了孩子学习磨蹭是想享受妈妈陪伴的快乐。夫妻俩商定每天固定拿出十五分钟做亲子游戏。第三次工作时，妈妈拿出孩子作业时间记录，孩子的速度有所提升。结束前十分钟，班主任带着二宝过来。听到父母和班主任对他的肯定，孩子很开心。这个案例只有三次，孩子参与咨询时间只有十分钟。期末阶段，班主任反馈孩子情绪稳定，跟同学相处良好，学习成绩有了很大进步。

如果以中国心理学会注册系统的咨询案例标准，这个案例是摆不上台面的，但对我来说，体验到的是专业助人的成功与快乐。

学校的心理咨询效果到底是怎么发生的？我所在的苏州市吴江区中小学心理教师有近百名，都是国家二级心理咨询师，但拿得出符合注册系统要求的咨询案例，寥寥无几。很多上岗心理教师参加的咨询学习时数更是不足。面对咨询困难，有的心理教师借自己没有时间和能力为由，转介给校外公益咨询机构，想要发展的心理老师牺牲自己的休息日去参加校外公益咨询服务，积累咨询经验。这就形成了一个怪圈：学校心理教师的个案咨询能力非要去校外提升吗？学校心理教师做的咨询一定要符合西方引进的咨询标准吗？

我的内心没有答案，本着学习心态去参加高校心理教师组织的咨询培训和督导，学到很多心理咨询理论和技术。同时，我的内心有一个更加清晰的声音：中小学心理咨询，必须要突破社会咨询的固定模式，充分发挥学校心理教师的优势。心理教师的优势在哪里？

我在存在主义心理大师欧文·亚隆的书中找到一个模糊的答案。他提到向一位老师学习烹饪的经历。当时，他记下所有的配料和全部的步骤，但是做出的菜还是没法和老师的媲美。他更仔细地观察整个过程，看到了一件不同寻常的事：在把菜放进烤箱之前，老师的助手随手扔进了几把合她口味的调味料在里面。亚隆由此相信，就是那些额外的"扔进的东西"让一切都不同了。他用这个小插曲做引子，旨在说明存在主义心理治疗并不是一种新奇神秘的方法，大多数有经验的治疗师都会使用这种方法，它就是那种有价值但没有说出来的"扔进的东西"。

催化学校咨询效果的神秘东西是什么？我认为是与来访学生的家庭系统和学校系统合作。但若没有理论支撑，只有实际做法，总结时还是会把这部分掩盖掉，只怕被权威认为"不专业"。

直到今年看了台湾赵文滔老师的《给专业助人者的系统合作手册》一书，看到"系统合作"，我眼前一亮。系统合作不只是系统治疗的视角，而是具体的系统间的合作行动。书中有值得我们借鉴的实操方法，当然台湾学校的心理咨询设置与我们不同，台湾学校自己有心理教师，还有区级层面的心理咨询师，每周固定时间到学校服务，还有社工师。我们目前只有学校心理教师。这种系统合作的理念鼓舞了我，我内心似乎找到了答案，学校心理咨询产生良好效果的就是这种"扔进去的东西"——系统合作。

找到了理论和实践依据，我和八名小学心理教师（都是国家二级心理咨询师，任职年限九年以上）着重每一个咨询案例，把咨询技术与系统合作融合。我们在苏州大学大学生心理健康教育研究中心刘稚颖老师的督导下，进行个案概念化练习，从而真实而清晰地呈现学校系统合作式咨询个案，希望借此给在彷徨中的中小学心理教师同行一点支持，提升专业胜任力，以帮助更多学生更快走出心灵困境。

考虑到咨询伦理，部分咨询信息进行了处理加工，并征得来访者家庭的同意。感谢这些来访者家庭的支持！感恩苏州大学大学生心理健康教育研究中心刘稚颖老师对我们每个案例进行的专业督导，为研究成果写序推荐！感恩南京晓庄学院"陶老师工作站"创始人陶勑恒老师对我们热情扶持，欣然写序！感谢福建教育出版社成知辛主任和林云鹏编辑，倾心助力一线教师专业成长。

由于能力所限，编写仓促，书中的谬误、缺憾难免。本着抛砖引玉的心态，诚恳地期待各位专家、同行批评指正！

吴伟红

2022年10月于苏州吴江